Doris Bollessen

Der fortschreitende Fachkräftemangel infolge des demographischen Wandels

Denkbare Konzepte und Erfolgsstrategien zur langfristigen Mitarbeiterbindung

Diplomica Verlag GmbH

Bollessen, Doris: Der fortschreitende Fachkräftemangel infolge des demographischen Wandels: Denkbare Konzepte und Erfolgsstrategien zur langfristigen Mitarbeiterbindung, Hamburg, Diplomica Verlag GmbH 2014

Buch-ISBN: 978-3-8428-9294-1
PDF-eBook-ISBN: 978-3-8428-4294-6
Druck/Herstellung: Diplomica® Verlag GmbH, Hamburg, 2014

Bibliografische Information der Deutschen Nationalbibliothek:
Die Deutsche Nationalbibliothek verzeichnet diese Publikation in der Deutschen Nationalbibliografie; detaillierte bibliografische Daten sind im Internet über http://dnb.d-nb.de abrufbar.

Hermannstal 119k, 22119 Hamburg
http://www.diplomica-verlag.de, Hamburg 2014
Printed in Germany

Inhaltsverzeichnis

Abbildungsverzeichnis

Tabellenverzeichnis

Abkürzungsverzeichnis

Mio.	Millionen
BA	Bundesagentur für Arbeit
BIBB	Bundesinstitut für Berufsbildung
CBT	Computer Based Training
CSR	Corporate Social Responsibility
EPP	Erwerbspersonenpotenzial
FOKUS	Forschungsstelle Organisationale Kompetenz und Strategie
IAB	Institut für Arbeitsmarkt- und Berufsforschung
KMU	kleine- und mittlere Unternehmen
MA-Bindung	Mitarbeiterbindung
Mdn	Median
MW	Mittelwert
MINT	Mathematik, Informatik, Naturwissenschaften, Technik
SD	Standardabweichung
SWOT	Strengths, Weaknesses, Opportunities, Threats
V	Varianz
WBT	Web Based Training
ZAV	Zentrale Auslands- und Fachvermittlung
ZEW	Zentrum für Europäische Wirtschaftsforschung

1 Einleitung

1.1 Problemstellung

Viele Unternehmen in Deutschland kommen heute trotz des erfreulichen Aufschwungs nach der eingetretenen Finanzkrise an ihre Wachstumsgrenzen. Der demographische Wandel bestimmt in den kommenden Jahren die Entwicklung in Deutschland. Die immer weiter steigenden Lebenserwartungen lassen einen Bevölkerungsrückgang von derzeit 82 Millionen - nachfolgend Mio. genannt - auf 69 Millionen Menschen im Jahr 2050 prognostizieren.[1] Der Rückgang der Bevölkerung führt dazu, dass immer weniger Fachkräfte auf dem Arbeitsmarkt zur Verfügung stehen. Das rückläufige Angebot an hochqualifiziertem Personal öffnet durch die veränderten Altersstrukturen eine Qualifikationslücke. Spätestens wenn die Baby-Boomer-Generation der geburtenstarken Jahrgänge bis Ende der 1960er Jahre aus dem Arbeitsleben ausscheidet, beginnt der Wettlauf mit der Zeit. Die Arbeitgeber müssen dem Fachkräftemangel bereits heute mit entsprechenden Retention-Management-Maßnahmen entgegenwirken. Sie sind angehalten, ihre eigenen Potenziale auszuschöpfen und ihre Attraktivität als Arbeitgeber durch den Einsatz von strategischen Personalmanagementstrategien zu erhöhen. Bis zum Jahr 2025 werden ca. 2,4 Millionen Akademiker auf dem Arbeitsmarkt fehlen.

Gerade für die älteren Mitarbeiter müssen die betrieblichen Arbeitsbedingungen angepasst werden, um deren Erwerbsfähigkeit bis ins hohe Alter erhalten zu können. Der Einsatz gesundheitlicher Ressourcen gewinnt zunehmend an Bedeutung, um die Arbeitsfähigkeit bis zur Rente gewährleisten zu können.[2] Mit betrieblichen Gesundheits- und Präventionsmaßnahmen lassen sich Fehltage, Arbeitsunfälle sowie Rekrutierungs- und Fluktuationskosten reduzieren. Diese tragen damit zum einen zu betrieblichen Einsparungen bei und sichern zum anderen den zukünftigen Erfolg des Unternehmens.[3] Aber auch die neue Generation der 1980er Jahre - die so genannte Generation Y -, die ihren Job wegen abnehmender Loyalität öfters wechseln, sind mit attraktiven Leistungen und Anreizen an die Unternehmen zu binden.[4]

[1] Vgl. Lindner-Lohmann, Doris/Lohmann, Florian/Schirmer, Uwe (2008), S. 11
[2] Vgl. Preißing, Dagmar (2010), S. 39
[3] Vgl. McKinsey Deutschland (2011): Wettbewerbsfaktor Fachkräfte, S. 25, URL: http://www mckinsey.de/, Abruf am 23.03.2013
[4] Vgl. Parment, Anders (2009), S. 27

Das vorhandene Human Capital der Mitarbeiter ist also durch den Einsatz entsprechender Strategien und Karriereperspektiven zu sichern, um die Fluktuations- und Personalwiederbeschaffungskosten zu senken. An dieser Stelle ist zu erwähnen, dass bei einer qualifizierten Fachkraft, die eine Betriebszugehörigkeit von nur 9 bis 12 Monate aufweist, die Personalwiederbeschaffungskosten schon bei ein bis zwei Jahresbruttogehältern liegen.[5] An dieser Stelle setzt die Studie an.

1.2 Ziel und Aufbau der Arbeit

Ziel der Studie ist es herauszufinden, mit welchen Anreizinstrumenten Fachkräfte erfolgreich an das Unternehmen gebunden werden können, um den Auswirkungen des demographischen Wandels zukünftig abzuhelfen. Wichtige Fragen sind: Welche Faktoren sind für das Ausscheiden von wertvollen Mitarbeitern verantwortlich? Welche Lösungsansätze lassen sich unter Beachtung der wirtschaftlichen Kosten in den Unternehmen umsetzen? Das Buch ist wie folgt gegliedert:

Das erste Kapitel beschreibt die Problemstellung, das Ziel und den Aufbau der Arbeit sowie den Gang der Untersuchung. Das zweite Kapitel befasst sich mit den Grundlagen des demographischen Wandels und die Entwicklungsstrukturen der Bevölkerung in Deutschland. Wichtige Fragen sind: Welche Auswirkungen hat das zur Verfügung stehende Erwerbspersonenpotenzial auf die Unternehmen? Welche Rolle spielt dabei die Generation Y? Das dritte Kapitel setzt sich mit Lösungsansätzen für das Problem des demographischen Wandels aus Sicht der Unternehmen auseinander. Die wichtigste Frage ist: Welche Maßnahmen können die Unternehmen einsetzen, um damit erfolgreich umgehen zu können? Das vierte Kapitel beschäftigt sich mit den Zielen und Kriterien, um dem Fachkräftemangel zu begegnen. Wichtige Fragen sind: Wie können die Unternehmen in der Zukunft wettbewerbsfähig bleiben? Welche Möglichkeiten bestehen, das Erwerbspersonenpotenzial zu erhöhen? Das fünfte Kapitel erforscht die Bedeutung der Mitarbeiterbindung sowie Fluktuationsgründe, die aus Sicht der Beschäftigten zum Ausscheiden führen. Wichtige Fragen sind: Welche Anreizinstrumente tragen zur Mitarbeiterbindung bei?

---

[5] Vgl. Arlinghaus, Olaf/Eickmeier, Kerstin (2007), S.172

Was erscheint aus Mitarbeitersicht wichtig, um sich längerfristig an ein Unternehmen zu binden? Welche wissenschaftlichen Studienergebnisse liegen hierzu vor? Welche Anreizinstrumente sind dabei ausschlaggebend? Besteht Handlungsbedarf, und wenn ja, wie kann dieser gemessen werden? Können die aus Arbeitnehmersicht geforderten Anreizinstrumente umgesetzt werden bzw. decken sich diese mit den Anreizen aus Unternehmenssicht? Kann hierdurch die Arbeitgeberattraktivität beeinflusst werden und können daraus Wettbewerbsvorteile erzielt werden? Liegen umgekehrt wissenschaftliche Erkenntnisse zur Fluktuation aus den vergangenen Jahren darüber vor, welche Gründe zum Ausscheiden aus den Unternehmen geführt haben? Welche Studien existieren aus Arbeitgebersicht darüber, wie Mitarbeiter gehalten werden können? Wie viele Unternehmen haben ein Retention-Management-Programm? Bestehen Unterschiede, aber auch Gemeinsamkeiten, hinsichtlich der Mitarbeiterbindung zwischen Generation X und Y? Erscheinen materielle Anreize den Mitarbeitern wichtiger als immaterielle oder soziale Anreize? Gibt es Studien zu den anfallenden wirtschaftlichen Kosten und was besagen diese? Aus den zuvor gewonnenen Informationen wird dann als nächstes ein Konzept entwickelt und bewertet. Zur Beantwortung der Forschungsfrage wird auf der Grundlage der erworbenen Erkenntnisse, die die Ausgangsbasis zur Hypothesenbildung bilden, im sechsten Kapitel eine deduktive, explorative Umfrage durchgeführt. Die Umfrage richtet sich an die Kommilitoninnen und Kommilitonen des 4. Semesters mit dem Studienschwerpunkt „Human Resources", die hierzu aus Sicht der Personalverantwortlichen befragt werden. Das siebte Kapitel der Studie bilden die Schlussbetrachtung und der Ausblick in die Zukunft.

1.3 Gang der Untersuchung

Im Rahmen der Studie soll folgende Forschungsfrage untersucht und beantwortet werden: **Mit welchen Strategien können Mitarbeiter dauerhaft an das Unternehmen gebunden werden, um mit dem demographischen Wandel besser umgehen zu können?** Dabei sind weitere Faktoren, wie z. B. die finanziellen Ressourcen aufgrund der Unternehmensgröße unter Beachtung der wirtschaftlichen Kosten, zu berücksichtigen. Der theoretische Teil soll diese Fragestellung untersuchen. Es erfolgt zunächst eine Literaturrecherche der wissenschaftlichen Forschung in zwei Teilgebieten, und zwar aus der Perspektive der Mitarbeiter und aus Unternehmenssicht.

2 Grundlagen des demographischen Wandels und der Fachkräftemangel

Bevor auf die Auswirkungen und die daraus resultierenden Folgen des demographischen Wandels näher eingegangen wird, erfolgt zuvor eine Erläuterung der Begriffsdefinition und eine Darstellung der zukünftigen Bevölkerungsentwicklung.

2.1 Begriff des demographischen Wandels

Der Begriff „demographischer Wandel" steht für eine veränderte Zusammensetzung in der Bevölkerungsgröße und der Bevölkerungsstruktur. Die Einflussfaktoren: **Geburtenrate, Lebenserwartung, Sterblichkeitsrate** und **Wanderungsrate,** tragen maßgeblich zum Wohlstand und dem wirtschaftlichen Wachstum bei und prägen die Entwicklung des demographischen Wandels.[6]

2.2 Entwicklung der Bevölkerung in Deutschland

Die Alterung der Gesellschaft und die Abnahme der Bevölkerung lassen sich kurzfristig nur wenig beeinflussen. Die Lebenserwartung wird permanent durch verbesserte Lebensbedingungen und eine bessere medizinische Vorsorge erhöht. Die durchschnittliche Lebenserwartung beträgt im Jahre 2060 für Frauen 89,2 Jahre und für Männer 85,0 Jahre.[7] Die nachfolgende Abbildung zeigt die zukünftige Bevölkerungsvorausberechnung:

[6] Vgl. Preißing, Dagmar (2010), S. 4

[7] Vgl. Destatis (2009): Bevölkerung Deutschlands bis 2060, 12. koordinierte Bevölkerungsvorausberechnung, S. 6 ff., URL: https://www.destatis.de/Abruf am 26.03.2013

Bevölkerung nach Altersgruppen

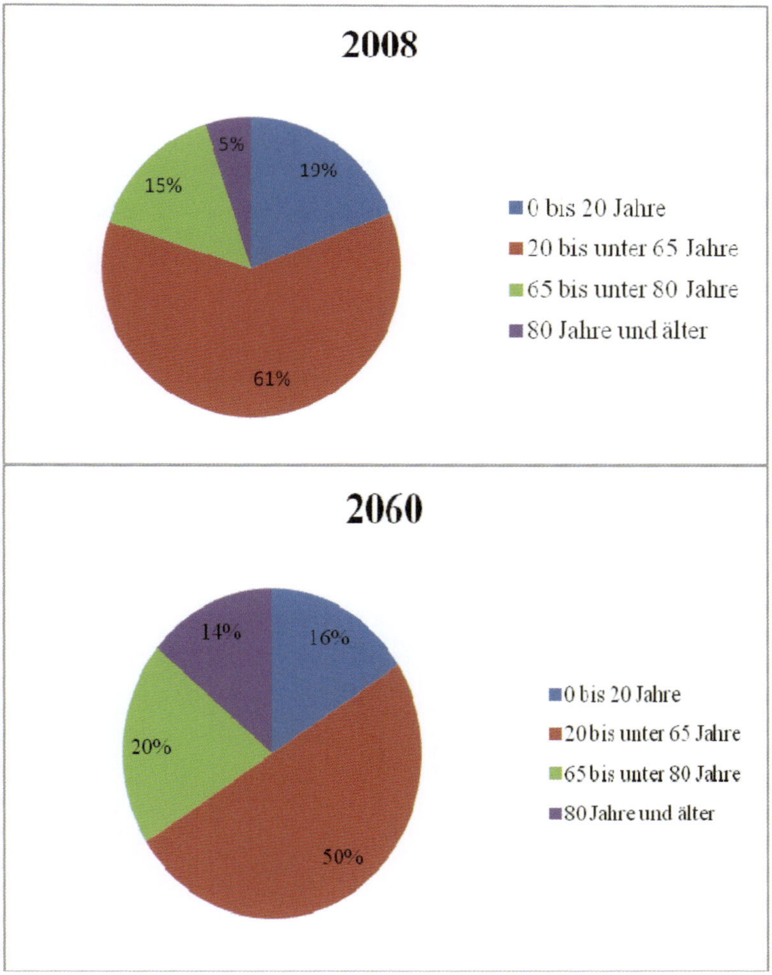

Abbildung 1: Die 12. koordinierte Bevölkerungsvorausberechnung
Quelle: eigene Darstellung in Anlehnung an Destatis [2009], S. 16, Abruf am 26.03.2013

Die Abbildung zeigt, dass die über 65-Jährigen die zukünftige Alterszusammensetzung bilden. Jeder 7. der Bevölkerung wird 80 Jahre oder älter sein. Das entspricht einem Anteil von ca. 10 Mio. der Gesamtbevölkerung. Das Statistische Bundesamt prognostiziert, das im Jahr **2060 ca. 65 Mio.** Menschen in Deutschland leben werden und dabei die über 65-Jährigen einen Anteil von 34 Prozent einnehmen.[8] Die nachfolgende Abbildung zeigt die Bevölkerungspyramide, d. h. die Bevölkerungsvorausberechnung der Altersstruktur für das Jahr 2060, bei der ein Wanderungssaldo von **100.000 Personen** und eine Geburtenrate von 1,4 Kindern je Frau angenommen wird. Im Anschluss folgt die dazugehörige Tabelle nach Altersgruppen.[9]

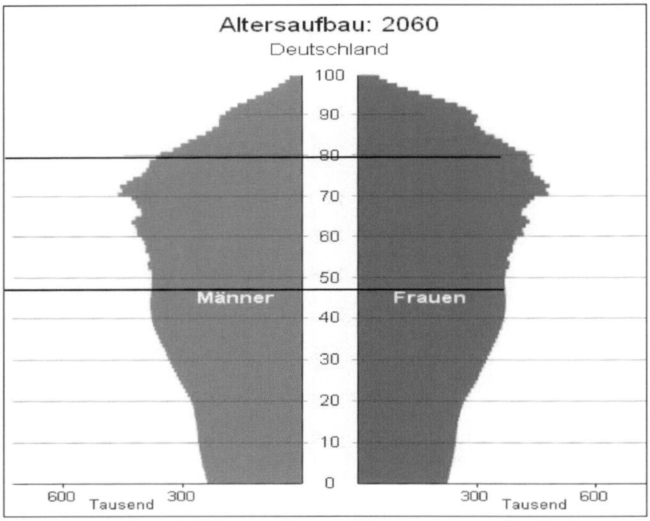

Abbildung 2: Bevölkerungsvorausberechnung für das Jahr 2060
Quelle: eigene Darstellung in Anlehnung an Destatis [2009], S. 45, Abruf am 26.03.2013

[8] Vgl. Maßberg, Wolfgang in Franz, Otmar (2013), S. 70
[9] Vgl. Destatis (2009): Bevölkerung Deutschlands bis 2060, 12. koordinierte Bevölkerungsvorausberechnung, S. 49, URL: https://www.destatis.de/Abruf am 26.03.2013

Altersgruppen

unter 20 Jahre	20 bis 64 Jahre	Über 65 Jahre	Gesamt	Lebenserwartung
10,1 Mio.	32,6 Mio.	22 Mio.	64,7 Mio.	85,0 Jahre für Jungen
16 %	50 %	34 %	100 %	89,2 Jahre für Mädchen

Tabelle 1: Bevölkerungsvorausberechnung für das Jahr 2060
Quelle: eigene Darstellung in Anlehnung an Destatis [2009], S. 45, Abruf am 26.03.2013

Selbst bei einem Anstieg der Geburtenrate und einer Zuwanderung von jährlich **200.000 Menschen** würden im besten Fall im Jahr **2060 ca. 70 Mio.** Menschen in Deutschland leben. Demnach würden immer noch zwölf Millionen weniger Menschen in Deutschland existieren als im Jahr 2008, so dass diese Lücke nicht geschlossen werden kann - siehe hierzu nachfolgende Abbildung -.[10]

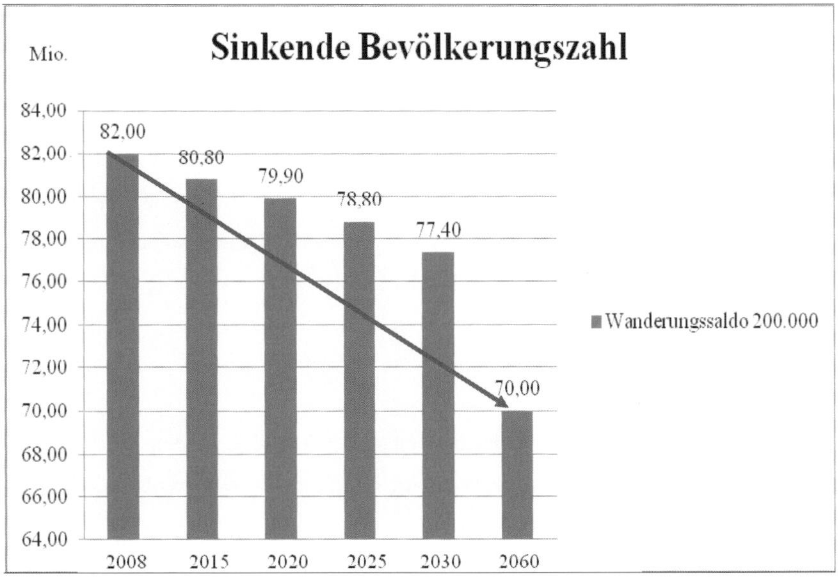

Abbildung 3: Bevölkerung in Deutschland in Millionen
Quelle: eigene Darstellung in Anlehnung an Destatis [2011], S. 21, Abruf am 26.03.2013

[10] Deutscher Bundestag (2011): Fachkräftemangel in Deutschland, S. 11, URL: http://www.bundestag.de/, Abruf am 26.03.2013

Die verminderte Bevölkerungszahl hat auch einen Einfluss auf das Erwerbspersonal. Die Altersstruktur der im Erwerbsleben stehenden Personen wird immer älter und dies verändert die Belegschaftsstruktur in den Unternehmen.[11]

2.3 Analyse der Einflussfaktoren

Das nachfolgende Kapitel beschäftigt sich nunmehr mit den Faktoren, die den demographischen Wandel bestimmen: **Geburtenrate, Einwanderung** und **Erwerbsquote,** die einen entscheidenden Einfluss auf das Arbeitspotenzial ausüben.[12]

2.3.1 Geburtenrate

Die Geburtenrate bleibt nach einer im **Jahr 2009** durchgeführten 12. Bevölkerungsvorausberechnung bis zum Jahr 2060 auf einem niedrigen Niveau. Annahmen prognostizieren eine Geburtenquote, die zwischen 1,2 und 1,6 Kindern pro Frau liegt.[13] Die Sterblichkeitsrate übersteigt künftig die Geburtenrate, so dass im Jahr 2030 in Deutschland 17 Prozent weniger Kinder und Jugendliche leben werden. Das Geburtendefizit wird sich somit voraussichtlich bis 2030 um 150 Prozent auf eine Zahl von 410.000 Kindern erhöhen. Um den jetzigen Bevölkerungsstand halten zu können, müsste eine Fertilität, d. h. eine Geburtenrate, von 2,1 Kindern pro Frau erreicht werden.[14] Die abnehmende Geburtenzahl führt künftig zu einer Veränderung bzw. Verschiebung der Altersstrukturen.[15] Der Überschuss der Sterbefälle kann demzufolge durch die Zuwanderung aus dem Ausland nicht kompensiert werden, da diese schon seit Jahren rückläufig ist.[16]

2.3.2 Einwanderung

Das zukünftige Erwerbsalter kann durch eine höhere Zuwanderung, d. h. durch eine Bevölkerungsbewegung über die Landesgrenzen hinaus, beeinflusst werden. Die Alters-

---

[11] Vgl. Destatis (2009): Bevölkerung Deutschlands bis 2060, 12. koordinierte Bevölkerungsvorausberechnung, S. 8 und 17, URL: https://www.destatis.de/Abruf am 26.03.2013

[12] Vgl. Pröbius, Christan (2012), S. 61

[13] Vgl. Destatis (2009): Bevölkerung Deutschlands bis 2060, 12. koordinierte Bevölkerungsvorausberechnung, S. 6 ff., URL: https://www.destatis.de/Abruf am 26.03.2013

[14] Vgl. Bruch, Heike/Kunze, Florian/Böhm, Stephan (2010), S. 26

[15] Deutscher Bundestag (2011): Fachkräftemangel in Deutschland, S. 12, URL: http://www.bundestag.de/, Abruf am 26.03.2013

[16] Vgl. Destatis (2011): Demografischer Wandel in Deutschland , S. 6 ff., URL:https://www.destatis.de/Abruf am 26.03.2013

struktur der im Erwerbsleben stehenden Personen verjüngt sich durch qualifizierte Personen.

Um jedoch das Erwerbspersonenpotenzial - nachfolgend EPP genannt - künftig halten zu können, müsste es eine Nettozuwanderungsrate von jährlich 400.000 Personen geben.[17] Die nachfolgende Tabelle stellt zwei Annahmen des Instituts für Arbeitsmarkt und Berufsforschung - nachfolgend IAB genannt - dar, die einen jährlichen Wanderungssaldo ab dem Jahre 2020 von 100.0000 Personen (Annahme W1) und 200.0000 Personen (Annahme W2) unterstellen.[18]

Übersicht über die Annahmen zur künftigen Entwicklung des Saldos der Zu- und Abgänge über die Grenzen Deutschlands

Jahre	Annahme W 1	Annahme W2
2009	- 30.000	-30.000
2010	10.000	10.000
2011	40.000	40.000
2012	60.000	80.000
2013	80.000	100.000
2014	100.000	120.000
2015	100.000	140.000
2016	100.000	160.000
2017	100.000	170.000
2018	100.000	180.000
2019	100.000	190.000
2020 – 2060	100.0000	200.000
Kumulierte Wanderungsgewinne von 2009 – 2060	**4.860.000**	**9.360.000**

Tabelle 2: Übersicht über die Annahmen zur künftigen Entwicklung 2009 - 2060
Quelle: eigene Darstellung in Anlehnung an Destatis [2009], S. 34, Abruf am 01.04.2013

[17] Fuchs, Johann/Zika, Gerd (2012): in Ausgabe Charta der Vielfalt e.V., S. 16 ff. URL: http://www.charta-der-vielfalt.de/, Abruf am 26.03.2013

[18] Vgl. Destatis (2009): Bevölkerung Deutschlands bis 2060, 12. koordinierte Bevölkerungsvorausberechnung, S. 34, URL: https://www.destatis.de/Abruf am 01.04.2013

Die Tabelle zeigt, dass sich durch einen jährlichen Wanderungssaldo von 100.000 Menschen ein Wanderungsgewinn von 4.860.000 und bei einem Wanderungssaldo von jährlich 200.0000 ein Wanderungsgewinn von 9.360.000 Menschen ergeben würde.[19] Eine aktuelle Pressemitteilung vom 14.01.2013 des Statistischen-Bundesamts (Destatis) stellt dar, dass im Jahr 2011 ein hoher Einwanderungsgewinn von 279.000 und im Jahr 2012 von 340.000 Personen verzeichnet werden konnte.[20] Eine höhere Einwanderungszahl beeinflusst den künftigen kumulierten Wanderungsgewinn und steigert zum jetzigen Zeitpunkt die Einwohnerzahl in Deutschland, was wiederum positive ökonomische Effekte mit sich bringt. Laut einer Prognose der Bundesagentur für Arbeit - nachfolgend BA genannt - könnte ein Fachkräftepotenzial von 0,8 Millionen Vollzeitäquivalenten erschlossen werden, wenn ab dem Jahr 2015 jährlich eine Nettozuwanderung von 200.000 Zuwanderern erfolgen würde.[21]

2.3.3 Erwerbsquote

Die Erwerbsquote gibt Auskunft über die Erwerbsbeteiligung und das Erwerbspotenzial. Die Erwerbsbeteiligung der Frauen ist im Jahr 2011 gegenüber den Männern etwas niedriger ausgefallen. Das IAB prognostiziert, dass in den nächsten Jahren die Erwerbsquote der Frauen, die zwischen 30 und 49 Jahre alt sind, ansteigt. Es kann eine Erwerbsbeteiligung von fast 100 Prozent erreicht werden.[22] Die Zahl der Beschäftigten kann demzufolge bis zum Jahr 2020 um ca. 400.000 Arbeitskräfte anwachsen. Hier ist jedoch zu bedenken, dass es sich dabei fast ausschließlich um Teilzeitjobs handelt und diese also nicht voll zur Ausschöpfung des Erwerbspotenzials beitragen. Demzufolge übt dieser Beschäftigungsanstieg nur einen geringen Einfluss auf den demographischen Wandel aus. In der Zeit von 2020 bis 2025 fällt die Beschäftigtenzahl aufgrund des Ausscheidens der Baby-Boomer-Generation in den Ruhestand um rund 500.000 Arbeitskräfte signifikant ab.[23]

---

[19] Vgl. Destatis (2009): Bevölkerung Deutschlands bis 2060, 12. koordinierte Bevölkerungsvorausberechnung, S. 34, URL: https://www.destatis.de/Abruf am 01.04.2013
[20] Vgl. Destatis (2013): 2012 erneuter Bevölkerungsanstieg erwartet, Wiesbaden, 2013, URL: https://www.destatis.de/, Abruf am 01.04.2013
[21] Vgl. Deutscher Bundestag (2011): Fachkräftemangel in Deutschland, S. 23, URL: http://www.bundestag.de/, Abruf am 01.04.2013
[22] Vgl. Pröbiuß, Christian (2012), S. 59
[23] Fuchs, Johann/Zika, Gerd (2012): in Ausgabe Charta der Vielfalt e.V., S. 16 ff. URL: http://www.charta-der-vielfalt.de/, Abruf am 05.04.2013

Die nachfolgende Abbildung stellt die Arbeitsmarktbilanz des EPPs und der Erwerbstätigen bis zum Jahr 2025 dar.

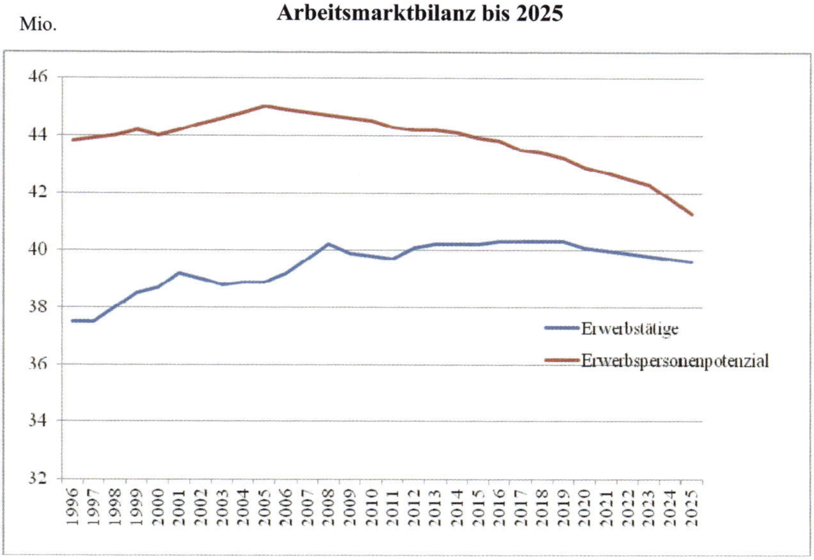

Abbildung 4: Arbeitsmarktbilanz bis 2025
Quelle: eigene Darstellung in Anlehnung an Fuchs, Johann/Zika, Gerd [2012], S. 15, Abruf am 05.04.2013[24]

Die Abbildung zeigt, dass das EPP in den nächsten Jahren schrumpft. Die Entwicklung des EPPs wird künftig zunehmend vom Wanderungssaldo beeinflusst und hat Konsequenzen auf die Erwerbsbeteiligung. In der nachfolgenden Abbildung werden drei Szenarien der künftigen Erwerbsbeteiligung und des Wanderungssaldos bis zum Jahr 2025 dargestellt. **Szenario 1** beschreibt die Entwicklung der Erwerbsbeteiligung ohne Zuwanderung und bei einer konstanten Erwerbsquote. Bei dieser Darstellung würde das EPP sehr stark schrumpfen und es würde im Jahr 2020 gerade noch 38 Mio. betragen. Diese graphische Darstellung stellt eine sehr pessimistische Prognose dar, da die Baby-Boomer-Generation erst zu diesem Zeitpunkt aus dem Erwerbsleben ausscheidet und die Erwerbsbeteiligung der Frauen bis zu diesem Zeitpunkt zunimmt.[25] **Szenario 2** be-

[24] Fuchs, Johann/Zika, Gerd (2012): in Ausgabe Charta der Vielfalt e.V., S. 15, URL: http://www.charta-der-vielfalt.de/, Abruf am 05.04.2013
[25] Vgl. Pröbiuß, Christian 2012), S. 59

rücksichtigt zwar eine steigende Erwerbsquote gegenüber Szenario 1, jedoch bleibt der Wanderungssaldo unberücksichtigt.

Das Statistische Bundesamt verzeichnete in den Jahren 2011 und 2012 hohe Zuwanderungen und hat für die Zukunft Annahmen von 100.000 Personen und 200.000 Personen.[26] Diese graphische Darstellung spiegelt jedoch nicht die künftige Realität wieder. **Szenario 3** berücksichtigt sowohl eine steigende Erwerbsquote als auch eine Nettozuwanderung von 100.000 Personen pro Jahr. Diese Darstellung stellt die realistischste Variante dar und zeigt, dass sich im Jahr 2025 noch ca. 41 Mio. Menschen im Erwerbsleben befinden und der stärkere Rückgang erst nach dem Ausscheiden der Baby-Boomer-Generation eintritt.[27]

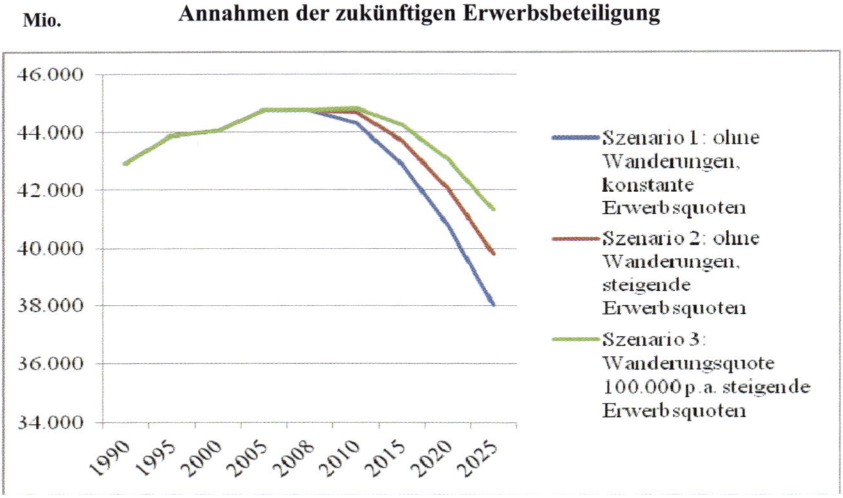

Abbildung 5: Annahmen der zukünftigen Erwerbsbeteiligung
Quelle: eigene Darstellung in Anlehnung an Fuchs, Johann/Zika, Gerd [2012], S. 16 Abruf am 05.04.2013[28]

---

[26] Vgl. Destatis (2013): 2012 erneuter Bevölkerungsanstieg erwartet, Wiesbaden, 2013, URL: https://www.destatis.de/, Abruf am 01.04.2013 i. V. m. Vgl. Destatis (2009): Bevölkerung Deutschlands bis 2060, 12. koordinierte Bevölkerungsvorausberechnung, S. 34, URL: https://www.destatis.de/Abruf am 01.04.2013
[27] Vgl. Pröbiuß, Christian 2012), S. 59
[28] Vgl. Fuchs, Johann/Zika, Gerd (2012), in Ausgabe Charta der Vielfalt e.V., S. 16 ff,. URL: http://www.charta-der-vielfalt.de/, Abruf am 05.04.2013

2.4 Auswirkungen des Erwerbspersonenpotenzials

Die abnehmende Bevölkerungszahl, die zwangsläufig zu einer Verringerung des EPP führt, verändert die Altersstrukturen im Unternehmen. Bis zum Jahr 2020 werden die Bevölkerungszahl der unter 50-Jährigen und die Generation der Baby-Boomer stagnieren.

Die geburtenstarken Jahrgänge sind zu diesem Zeitpunkt 50 Jahre und älter und stellen das größte Erwerbspotenzial von 19,2 Mio. dar. Dies entspricht einem Anteil von 24 Prozent.[29] Bis zum Jahr 2030 werden die geburtenstarken Jahrgänge aus dem Erwerbsleben ausgeschieden sein. Es stehen dann ca. 7 Mio. weniger Menschen im erwerbsfähigen Alter. Dies bedeutet, dass sich ca. 390.000 Menschen pro Jahr weniger im Erwerbsleben befinden, was wiederum Konsequenzen für den Lebens- und Berufsalltag mit sich bringt.[30] Bei der Darstellung der Ergebnisse wird laut IAB unterstellt, dass bei einer „Untergrenze der mittleren Bevölkerung“ eine Netto-Zuwanderung von 100.00 Menschen und bei der „Obergrenze der mittleren Bevölkerung“ von 200.000 Menschen pro Jahr prognostiziert wird.[31] Die nachfolgende Tabelle zeigt die Bevölkerung im Erwerbsalter nach Altersgruppen 2008, 2020 und 2060.

Bevölkerung der Altersgruppen im Erwerbsleben

Alter in Jahren von ... bis unter ...	2008	2020		2060	
		mittlere Bevölkerung „Untergrenze“	mittlere Bevölkerung „Obergrenze“	mittlere Bevölkerung „Untergrenze“	mittlere Bevölkerung „Obergrenze“
20 bis unter 30	9,9 Mio.	8,5 Mio.	8,7 Mio.	6,1 Mio.	6,7 Mio.
30 bis unter 50	24,3 Mio.	19,8 Mio.	20,1 Mio.	14,6 Mio.	16,3 Mio.
50 bis unter 65	**15,5 Mio.**	**19,2 Mio.**	**19,3 Mio.**	**11,9 Mio.**	**13,2 Mio.**
20 bis unter 30	12%	11%	11%	9%	10%
30 bis unter 50	30%	25%	25%	23 %	23%
50 bis unter 65	**19%**	**24%**	**24%**	**18%**	**19%**

Tabelle 3: Bevölkerung der Altersgruppen im Erwerbsleben 2008, 2020 und 2060
Quelle: eigene Darstellung in Anlehnung an Destatis [2009], S. 17, Abruf am 29.03.2013

[29] Vgl. Werner, Kathleen (2011), S. 14
[30] Deutscher Bundestag (2011): Fachkräftemangel in Deutschland, S. 11, URL: http://www.bundestag.de/, Abruf am 26.03.2013
[31] Vgl. Destatis (2009): Bevölkerung Deutschlands bis 2060, 12. koordinierte Bevölkerungsvorausberechnung, S. 17, URL: https://www.destatis.de/Abruf am 29.03.2013

Die Tabelle zeigt, dass das Angebot an Arbeitskräften in den nächsten Jahren von der Altersstruktur der im Alter zwischen 50 bis 65 Jahren - also der älteren und heterogenen Belegschaft - bestimmt wird.[32] Neben der fehlenden oder alternden Belegschaftsstruktur bestehen auch zunehmend Qualifikationsdefizite, worauf im nächsten Unterkapitel näher eingegangen wird.

2.5 Der Fachkräftemangel und seine Bedeutung

Deutschland ist ein exportorientiertes Land und zeichnet sich durch seine Stärken in der Technologie und Innovation aus. Die steigende Geschwindigkeit in der technologischen Weiterentwicklung und der Strukturwandel lassen die Qualifikationsanforderungen an den Arbeitsplätzen stetig steigen.[33] Die Unternehmen sind von der Innovationsstärke der Technologiebranche, aber auch von der Pharmaindustrie und der Medizintechnik abhängig, um die Wettbewerbsfähigkeit Deutschlands sicherstellen zu können. Fachkräfteengpässe in dieser Branche beeinflussen nicht nur die Wettbewerbsfähigkeit der Unternehmen in Deutschland, sondern haben auch Auswirkungen auf die Gesamtwirtschaft.

Die Nachfrage nach Fachkräften in den Branchen Mathematik, Informatik, Naturwissenschaften und Technik - nachfolgend MINT genannt - wird massiv steigen, da sie die Innovationskraft in Deutschland darstellen.[34] Laut **Trend-Report** vom **IW Köln** fehlen bereits heute auf dem deutschen Arbeitsmarkt 117.000 MINT-Fachkräfte.[35] Für die Unternehmen hat der Fachkräftemangel negative Auswirkungen. Produktionsengpässe infolge fehlender Personalbesetzung verursachen Zeit und Kosten durch Zukauf oder Auslagerung von Produkten und Dienstleistungen, beeinträchtigen die Wettbewerbsfähigkeit und erweitern den Konkurrenzkreis. Der Fachkräftemangel bedroht nicht nur das Wachstum des Unternehmens und der Gesamtwirtschaft, sondern führt auch zum Verlust der Wissensrekrutierung.[36]

---

[32] Vgl. Preißing, Dagmar (2010), S. 26
[33] Vgl. ebd., S. 22
[34] Vgl. Anger, Christina/Erdmann, Vera/Plünnecke, Axel (2011): MINT-Trendreport, Köln, 2011, S. 6, URL: http://www.iwkoeln.de/de/studien/gutachten/beitrag/63391, Abruf am 13.04.2013
[35] Vgl. ebd., S. 18
[36] Vgl. Prezewowsky, Michel (2007), S. 36

Laut der **Prognos-Studie „Arbeitslandschaft 2030"** steigt die Arbeitskräftenachfrage im Jahr 2030 in der Forschung und Beratung, aber vor allem im Dienstleistungssektor, dem gesundheitlichen- und im sozialen Bereich. Die zunehmende Lebenserwartung und der medizinische Fortschritt führen dazu, dass die Anzahl der Pflegebedürftigen zunimmt. Den größten Fachkräfteengpass erwartet man allerdings in den Büro- und kaufmännischen Berufen im Rechnungswesen, in der Informatiksparte und in den Gesundheits- und Sozialberufen sowie den Lehrberufen. Zwangsläufig tritt ein Mismatch ein, d. h. ein Ungleichgewicht zwischen der Arbeitskräftenachfrage und dem Arbeitskräfteangebot. Dies bedeutet, dass die Nachfrage nach Fachkräften aus Arbeitgebersicht in quantitativer und qualifizierter Hinsicht höher ist als das angebotene bzw. vorhandene Fachkräftepotenzial am Arbeitsmarkt. Laut der Modellberechnung fehlen bereits im Jahr 2015 ca. 1 Mio. Fachkräfte mit Hochschulabschluss und ca. 1,3 Mio. Fachkräfte mit einer abgeschlossenen Berufsausbildung.[37] Die **McKinsey-Studie** lehnt sich an die Prognos-Studie „Arbeitslandschaft 2030" an und errechnete einen Fachkräftemangel für das Jahr 2020 von 2 Mio.[38]

Die Modellrechnungen 2012 der Qualifikations- und Berufsprojektionen des im Rahmen des Bundesinstituts für Berufsbildung - nachfolgend BIBB genannt - und des IAB durchgeführten **QuBE-Projekts** bestätigen die getroffenen Grundannahmen aus dem Jahre 2010. Trotz des gestiegenen Erwerbsverhaltens der Frauen und Älteren tritt in einigen Berufsgruppen bereits ein Engpass ein. Das **BIBB-Modell** prognostiziert bereits ab 2015 ein zu geringes Angebot an Fachkräften in den „sekundären Dienstleistungsberufen" und schließt auch die technisch-wissenschaftlichen akademischen Berufe mit ein. Das **FIT-Modell** rechnet mit einem Fachkräftemangel in diesem Segment ab dem Jahre 2030. Die Studien des IAB und des BIBB kommen, wie die Prognos-Studie „Arbeitslandschaft 2030" zu dem Ergebnis, dass im Sektor Gesundheits- und Sozialberufen ein Fachkräftemangel eintritt, jedoch bereits ab dem Jahre 2020.[39]

---

[37] Vgl. Prognos (2011): Arbeitslandschaft 2030, S. 30, URL: http://www.prognos.com/fileadmin/pdf/publikationsdatenbank/110930_Neuauflage_Arbeitslandschaft_2030.pdf, Abruf am 07.04.2013

[38] Vgl. McKinsey Deutschland (2011): Wettbewerbsfaktor Fachkräfte, Seite 8, URL: http://www mckinsey.de/, Abruf am 13.04.2013

[39] Deutscher Bundestag (2011): Fachkräftemangel in Deutschland, S. 15, URL: http://www.bundestag.de/, Abruf am 10.04.2013

Im tertiären Bereich prognostizieren die Modelle **BIBB Demos, FIT und IAB Infargo,** dass nach dem Ausscheiden der Baby-Boomer-Generation der Fachkräftebedarf weiter ansteigt. Von einem Fachkräfteüberhang geht man allerdings in den rohstoffgewinnenden und -verarbeitenden Berufen aus.[40]

Laut einer aktuellen Studie von Ernst & Young zeichnet sich bereits heute aus Unternehmenssicht ein Fachkräftemangel ab. Zum Thema **„Schwierige Suche nach qualifizierten Mitarbeitern"** wurde eine Befragung durchgeführt, an der 700 mittelständische Unternehmen teilnahmen. 72 Prozent der Unternehmen empfinden es heute schon als „eher schwer" bis „sehr schwer", geeignete qualifizierte Mitarbeiter zu finden. Dem steht ein kleiner Prozentanteil von 28 Prozent gegenüber, zu dem Unternehmen angeben, „sehr leicht" bis „eher leicht" geeignete Mitarbeiter zu finden – siehe hierzu nachfolgende Abbildung - .[41]

Schwierige Suche nach qualifizierten Mitarbeitern

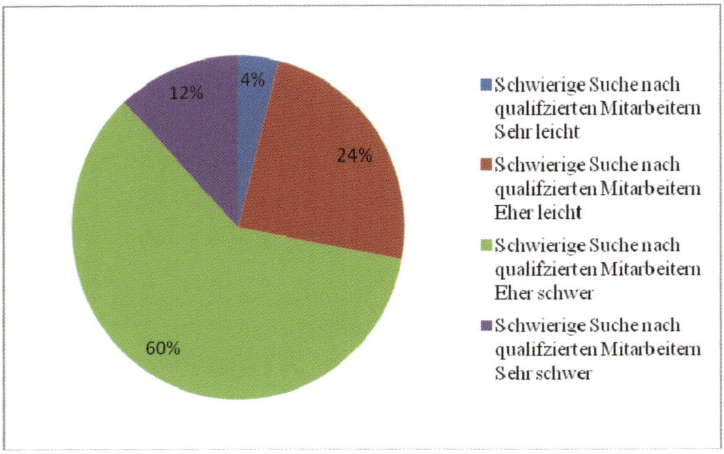

Abbildung 6:Schwierige Suche nach qualifizierten Mitarbeitern
Quelle: eigene Darstellung in Anlehnung an ESCP Europe: Agenda Mittelstand [2011], S. 9, Abruf am 11.04.2013

[40] Vgl. Bundesinstitut für Berufsbildung (2012): BIBB Report: Forschungs- und Arbeitsergebnisse aus dem Bundesinstitut für Berufsbildung, S.3 , URL: http://www.bibb.de/dokumente/pdf/a12_, Abruf am 07.04.2013

[41] Vgl. ESCP Europe: Agenda Mittelstand (2011): Talent Management im Mittelstand - mit Innovationen Strategien gegen den Fachkräftemangel, Berlin, 2011, S. 7 URL: http://www.ey.com/, Abruf am 11.04.2013

Besonders die kleinen und mittleren Unternehmen erleiden gegenüber Großunternehmen erhebliche Nacheile infolge ihrer begrenzten finanziellen Ressourcen.

Das begrenzte Budget, das für die kleinen und mittleren Unternehmen einen massiven Einschnitt im personellen, organisatorischen und finanziellen Bereich mit sich bringt, lässt keine umfassende Konzipierung entsprechender Lösungsansätze und Strategien gegenüber dem Fachkräftemangel zu.

Mit den vorhandenen alternden Fachkräften wird die Produktivität und Innovationsleistung sowie die Leistungsfähigkeit der Unternehmen zurückgehen, was deren Wettbewerbsfähigkeit beeinflusst. Mit dem Ausscheiden der alternden Belegschaft schwindet vorhandenes personengebundenes Fachwissen, Know-how und Berufserfahrung und somit wichtiges Humankapital. Des Weiteren führt das Nichtbesetzen der Stellen zu Qualifikationsverlusten der neu ausgebildeten Nachwuchskräfte und verhindert das Öffnen neuer Perspektiven und Sichtweisen sowie das Binden von neuem Humankapital für die Unternehmen.[42] Geringqualifizierte Arbeitsplätze, d. h. die Nachfrage nach Arbeitskräften, die keinen Ausbildungsabschluss besitzen, werden in der Zukunft rückläufig sein und somit an Bedeutung verlieren. Die Nachfrage nach Fachkräften, die eine anerkannte akademische oder auch eine anerkannte mindestens zweijährige Berufsausbildung haben, wird zur Verrichtung der anspruchsvollen und wissensbehafteten Tätigkeiten in der Zukunft ansteigen.[43] D. h. die wissensbasierte Weltwirtschaft fordert höher qualifizierte Arbeitskräfte und führt zu einem Anstieg der Nachfrage nach Wissensarbeiten.[44] Die Unternehmen, aber auch der Staat sind in der Zukunft gefordert, fehlendes Wissen der alterszentrierten Belegschaft mit den entsprechenden Rahmenbedingungen zu vermitteln, um so dem Strukturwandel entgehen und eine ausreichende Versorgung von qualifizierten Fachkräften sicherstellen zu können.[45] Dabei ist aufgrund der veränderten alterszentrierten Belegschaftsstruktur zu beachten, dass die Aufgaben und Ar-

[42] Vgl. Schat, Hans-Dieter in Zehrfeld, Axel, W. (2012), S. 38
[43] Vgl. Werner, Kathleen (2011), S. 171
[44] Vgl. Preißing, Dagmar (2010), S. 22
[45] Vgl. McKinsey Deutschland (2011): Wettbewerbsfaktor Fachkräfte, S. 11, URL: http://www mckinsey.de/, Abruf am 29.03.2013

beitsplätze so konzipiert sein müssen, dass diese einen positiven Einfluss auf die Verlängerung der Erwerbsfähigkeit haben.[46]

2.6 Zusammenfassung

Aus den zuvor gewonnenen Erkenntnissen kann abgeleitet werden, dass durch die Alterung der Belegschaft und den Geburtenrückgang die Bevölkerungszahl in der Zukunft zurückgehen wird. Diese Problematik kann zwar durch eine Erhöhung des Einwanderungssaldos abgemildert, aber nicht komplett kompensiert werden. Ein weiteres Thema stellt die Teilzeitbeschäftigung dar. Die Zunahme der teilzeitbeschäftigten Frauen bringt als positiven Effekt eine steigende Erwerbsquote mit sich. Die „Teilzeitfalle" hat jedoch erhebliche negative Konsequenzen durch das nicht voll genutzte EPP. Die Folge ist, dass wertvolles Fachwissen und Humankapital nicht ausgeschöpft wird und zurückgeht. Studien belegen, dass sich bereits heute in einigen Branchen ein Fachkräftemangel abzeichnet. Diese Problematik führt dazu, dass es für Unternehmen immer schwieriger wird, „qualifiziertes Personal" zu finden. Nach dem Ausscheiden der geburtenstarken Jahrgänge verschärft sich das Problem signifikant. Das nächste Kapitel beschäftigt sich explizit mit denkbaren Lösungsansätzen für die Unternehmen, um den demographischen Wandel abzufedern.

---

[46] Vgl. ESCP Europe: Agenda Mittelstand (2011): Talent Management im Mittelstand - mit Innovationen Strategien gegen den Fachkräftemangel, Berlin, 2011, S. 7 URL: http://www.ey.com/, Abruf am 11.04.2013

3 Lösungsansätze für den demographischen Wandel

Die Unternehmen von heute sind gefordert, mit entsprechenden Beschäftigungsstrategien kreative und innovative Lösungen zum Umgang mit dem demographischen Wandel zu finden, um die Leistungsbereitschaft und die Beschäftigungsfähigkeit der älteren Mitarbeiter zu fördern. Dabei ist in gesundheitlicher und qualitativer Hinsicht auch das mittlere Alter mit einzubeziehen, um zukünftig eine **lange Arbeits- und Erwerbsfähigkeit** sicherstellen zu können. Aus eigener Leistungsbereitschaft und Arbeitsmotivation müssen die älteren Mitarbeiter bereit sein, dem Unternehmen die Partizipation ihrer Arbeitskraft über einen längeren Beschäftigungszeitraum zur Verfügung zu stellen.[47] In den nachfolgenden Unterkapiteln werden einige Instrumente zum Umgang mit dem demographischen Wandel dargestellt, um die Betroffenen zu Beteiligten zu machen; und sie dadurch langfristig an das Unternehmen zu binden.

3.1 Alters- und alternsgerechtes Arbeiten

Der Arbeitsplatz sollte unter Berücksichtigung der mit zunehmendem Alter nachlassenden körperlichen Funktionen und Fähigkeiten ein **altersgerechtes Arbeiten** ermöglichen und entsprechend ausgestattet sein. Die ergonomischen Vorschriften sind dabei zu beachten. Das **alternsgerechte Arbeiten** wiederum ermöglicht, dass durch prozessorientierte, präventive arbeitsgestalterische Maßnahmen körperliche Beeinträchtigungen vermieden bzw. Verschleißerkrankungen entgegengewirkt werden kann. Hier kommen z. B. Vorsorgeuntersuchungen, Gesundheitsförderung durch Sportangebote und Impfungen zum Einsatz.[48] Präventionsmaßnahmen bilden somit den Baustein zur Erhaltung des Wohlbefindens und der Arbeitsfähigkeit der Mitarbeiter. Sie führen zur Vermeidung von Kosten in Form von zu zahlenden Entgeltfortzahlungen im Krankheitsfalle sowie den daraus resultierenden Problemen der anfallenden Mehrarbeit und der negativen Motivation.[49]

---

[47] Vgl. Prezewowsky, Michel (2007), S. 49
[48] Vgl. Lukas, Julia (2012), S. 98
[49] Vgl. Deller, Jürgen/Kern, Stefanie/Hausmann, Esther/Diederichs, Yvonne (2008), S. 203

Alters- und alternsgerechte Arbeitsbedingungen tragen dazu bei, dass langfristig die Gesundheit, die Leistungsfähigkeit und die Arbeitsmotivation der Mitarbeiter sichergestellt bzw. gesteigert werden. Die betrieblichen Arbeitsanforderungen sowohl in qualifikatorischer als auch in gesundheitlicher Hinsicht werden hierdurch erfüllt.[50]

Laut einer McKinsey-Studie konnte ein mittelständisches Unternehmen durch den Einsatz entsprechender Gesundheitsprogramme, die einen jährlichen finanziellen Aufwand von 235,00 EUR verursachen, pro Mitarbeiter Fehltage reduzieren und Arbeitsunfälle verringern, die zu jährlichen Einsparungen von ca. 1.000,00 EUR führen.[51]

3.2 Alternsgerechte Laufbahngestaltung

Mit dem Einsatz einer **alternsgerechten Laufbahngestaltung** können die Kompetenzen und Qualifikationsressourcen der Mitarbeiter voll ausgeschöpft und weiterentwickelt werden. Fehlbeanspruchungen und unnötige Arbeitsbelastungen werden hierdurch vermieden. Der Einsatz an wechselnden Arbeitsplätzen (Job Rotation) oder weitere anspruchsvolle Tätigkeiten (Job Enlargement), also eine **„horizontale Karriere"**, führt dazu, dass die Qualifikation, die kognitiven Fähigkeiten sowie die Aufnahme- und Lernfähigkeit der Mitarbeiter trainiert und erweitert werden und monotone Arbeiten, die diese mindern, vermieden werden. Das Verhältnis der gestellten Anforderungen und der Leistungsfähigkeit sollte dabei in Einklang stehen, um eine Beschäftigungsfähigkeit auf Dauer für die Zukunft zu erreichen. Regelmäßige Mitarbeiterentwicklungsgespräche bzw. Zukunftsgespräche und Feedbackgespräche helfen, die Motivation zu fördern und eine Über- bzw. Unterforderung rechtzeitig zu erkennen. Der Mitarbeiter erhält die Möglichkeit, sich entsprechend seiner Fähigkeiten weiterzuentwickeln, was dazu beiträgt, dass die Flexibilität durch den Einsatz an verschiedenen Arbeitsplätzen gesteigert wird.[52] Die Wahrnehmung von Weiterqualifizierungsmaßnamen (Job Enrichment), also eine **„vertikale Karriere"**, bietet sich in Berufen an, die mit einer körperlich anstrengenden Tätigkeit verbunden sind.

---

[50] Vgl. Lukas, Julia (2012), S. 98
[51] Vgl. McKinsey Deutschland (2011): Wettbewerbsfaktor Fachkräfte, S. 25, URL: http://www mckinsey.de/, Abruf am 21.04.2013
[52] Vgl. Brandenburg, Uwe/Domschke, Jörg-Peter (2007), S. 139

Die Mitarbeiter sind oft infolge schwerer gesundheitlicher Beeinträchtigungen nicht mehr in der Lage, ihre Tätigkeit auszuüben.[53] Die Personalentwicklung ist daher in der Zukunft angehalten, eine strategische Karriere- und Entwicklungsplanung aufzustellen; und die vorhandenen Leistungspotenziale zu fördern und weiterzuentwickeln, um die Erwerbsfähigkeit bis ins Rentenalter erhalten zu können. Eine längere Beschäftigungsdauer verringert zum einen den vorzeitigen Tätigkeitswechsel oder Tätigkeitsausstieg und spart damit verbunden finanzielle Ressourcen und steigert zum anderen signifikant die Innovations- und Wettbewerbsfähigkeit.[54]

Eine **empirische Studie**, **der HR-Report** aus dem **Jahre 2012/2013**, an der 485 befragte Unternehmen teilnahmen, belegt, dass bereits lebenslange Fortbildungs- und Weiterbildungsmaßnahmen mit 84 Prozent und Maßnahmen zur Gesunderhaltung mit 62 Prozent in den Unternehmen eingesetzt werden. Allerdings werden die Instrumente des Tätigkeitswechsels mit 47 Prozent und die langfristige Karriereplanung mit 32 Prozent noch nicht sehr häufig umgesetzt bzw. sind erst in Planung oder werden noch diskutiert. Hier besteht für die Zukunft noch Handlungsbedarf, um die alternde Belegschaft länger bzw. bis ins Rentenalter im Berufsleben halten zu können. Anzumerken ist an dieser Stelle, dass das Angebot in größeren Unternehmen gegenüber mittleren und kleinen Unternehmen etwas breiter gefächert ist.[55] Der öffentliche Sektor ist Vorreiter in der Gesundheitsförderung. Die nachfolgende Abbildung zeigt den Einsatz der Instrumente in den jeweiligen Unternehmen.

---

[53] Vgl. Lukas, Juli (2012), S. 121
[54] Vgl. ebd., S. 98
[55] Vgl. Breitschopf, Klaus/Rump, Jutta Prof (2012): HR Report 2012/2013: Schwerpunkt Mitarbeiterbindung, eine empirische Studie des Instituts für Beschäftige und Employability IBE im Aufrag der Hays AG, Ausgabe 2012/2013, S. 13

Welche Instrumente setzen Sie in Ihrem Unternehmen ein?

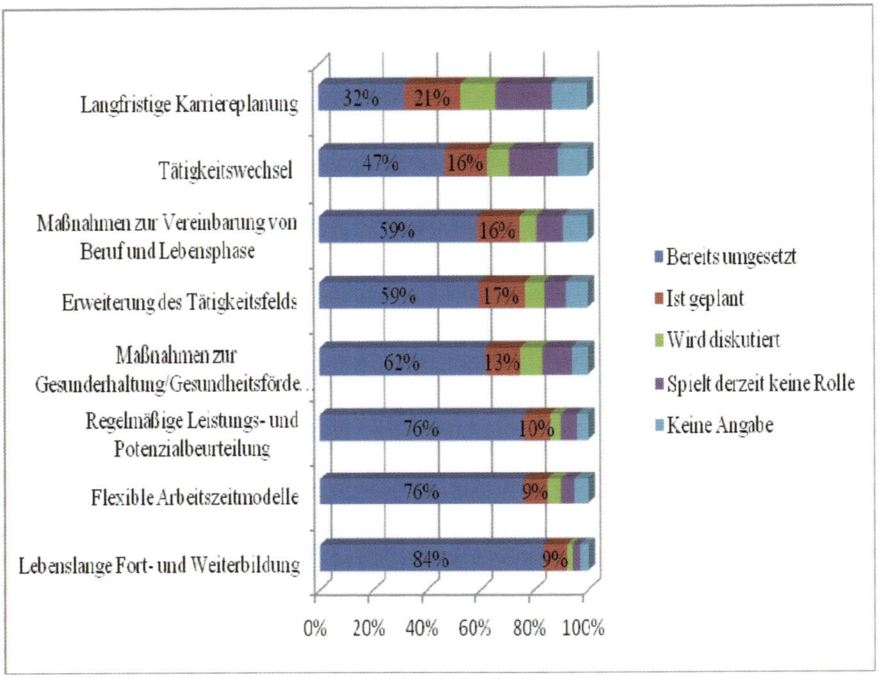

Abbildung 7: Der Einsatz von Instrumenten in Unternehmen
Quelle: eigene Darstellung in Anlehnung an Breitschopf, Klaus/Rump, Jutta [2012], S. 13[56]

3.3 Altersgemischte Teams zur Wissensvermittlung

Die Unternehmen sowie die jüngeren Mitarbeiter profitieren von **altersgemischten Teams**.[57] Die älteren Mitarbeiter haben durch ihre langjährige Berufserfahrung ein breites Spektrum an Erfahrungs- und Fachwissen gesammelt. Sie kennen die exakten Betriebs- und Arbeitsabläufe und können zur Verbesserung und Optimierung von Arbeits- und Entscheidungsprozessen beitragen. Die Jüngeren können, wenn altersgemischte Teams bestehen, von diesem Wissenstransfer profitieren.

---

[56] Vgl. Breitschopf, Klaus/Rump, Jutta Prof (2012): HR Report 2012/2013: Schwerpunkt Mitarbeiterbindung, eine empirische Studie des Instituts für Beschäftige und Employability IBE im Aufrag der Hays AG, Ausgabe 2012/2013, S. 13

[57] Vgl. Zentrum für Europäische Wirtschaftsforschung GmbH (ZEW) Mannheim (2013), URL: http://www.zew.de/publikation6737/Abruf am 27.04.2013

Altersgemischte Teams haben beim Ausscheiden der älteren Generation den Vorteil, dass der Erfahrungs- und Wissensverlust, d. h. das Unternehmensrisiko durch Fehlentscheidungen verringert wird. Das **Lost-memory-Syndrom** wird infolge des Wissens- und Erfahrungsverlusts über betriebsspezifische Prozesse und Strukturen, die nicht dokumentiert sind, reduziert. Das **Eisberg-Syndrom** ist für die Unternehmenskultur und das implizite Wissen zuständig und kann ebenfalls abgemildert werden. Dieses kann nicht käuflich erworben werden und ist für die Umsetzung von Unternehmensentscheidungen verantwortlich. An dieser Stelle ist zu erwähnen, dass die Unternehmensprobleme zu 25 Prozent oberhalb der Wasserfläche liegen. Bei den restlichen 75 Prozent, die sich unterhalb der Wasserfläche befinden, handelt es sich um objektive Probleme.[58] Aber auch die Älteren können umgekehrt von der neuesten Technologie oder den Produktneuheiten, welche die „Digital Natives", also die junge Belegschaft nutzt, profitieren.[59] Die altersgemischten Teams tragen zum „Learning on the job" bei, fördern die Kommunikations- und Kooperationsbereitschaft und setzen Synergie-Effekte frei. Wissensdefizite einzelner Mitarbeiter können hierdurch ausgeglichen werden, da verhandelt werden kann, wer welche Aufgaben übernimmt.[60] EDV-Schulungen und Wissensmanagement-Systeme können dieses implizite Wissen nur begrenzt vermitteln.[61]

Je vielseitiger das zu bewältigende Aufgabengebiet ist, umso vorteilhafter ist die Zusammensetzung von heterogenen Arbeitsgruppen zur Steigerung der Leistungsfähigkeit der Mitarbeiter und der Produktivität des Unternehmens.[62] So nehmen im kreativen Bereich die Produktivitätseffekte zwischen 3,5 bis 6,5 Prozent zu, allerdings nur, wenn auch junge Arbeitnehmer vorhanden sind. Dies bedeutet, dass die Unternehmen den Fokus stärker auf die langfristige Rekrutierung und Personalentwicklung junger Mitarbeiter richten müssen. Diese Problematik stellt besonders nach dem Ausscheiden der Baby-Boomer-Generation eine große Herausforderung dar. Der Nachteil von heterogenen Arbeitsgruppen sind erhöhte Kosten in der Kommunikation und Interaktionsprobleme. Diese führen zu Konflikten, zur Unzufriedenheit und Fluktuation, die infolge geringerer Identifikation und durch Integrationsprobleme auftreten.

[58] Vgl. Lukas, Julia (2012), S. 105
[59] Vgl. Deller, Jürgen/Kern, Stefanie/Hausmann, Esther/Diederichs, Yvonne (2008), S. 81
[60] Vgl. Lukas, Julia (2012), S. 126
[61] Vgl. Bundesministerium für Familie, Senioren, Frauen und Jugend (2008), S. 50
[62] Vgl. Lukas, Julia (2012), S. 126

Diese können auch einen Leistungsabfall herbeiführen und haben damit negative Auswirkungen auf die Produktivität.[63] An dieser Stelle ist zu erwähnen, dass die Annahme einer Abnahme der Leistungsfähigkeit und somit eine Benachteiligung der Älteren, wie im **Defizit-Modell** dargestellt, schon lange in gerontologischen Studien widerlegt wurde. Die kristalline, d. h. die erfahrungsgebundene Intelligenz, bleiben stabil oder nehmen bei der alternden Belegschaft sogar noch zu.

Studien belegen hier eindeutig, eine zunehmende Leistungsverbesserung sowie eine Steigerung der Leistungsfähigkeit in heterogenen Gruppen ab ca. 45 Jahren.[64] Betriebsspezifisches Know-how bleibt intern im Unternehmen und die neuen Mitarbeiter können hiervon profitieren, wodurch eine schnellere Einarbeitung erreicht werden kann.[65]

Umgekehrt können die Älteren auch von den Jüngeren profitieren. In Branchen, die einem schnellen und ständigen Innovations- und Wissenswandel unterliegen, z. B. in der IT-Branche, haben die Jüngeren tendenziell einen Informations- und Wissensvorsprung, von dem die Älteren profitieren.[66] Ein zu hoher Spezialisierungsgrad und eine zu intensive Arbeitsteilung können jedoch zu kontraproduktiven Arbeitsergebnissen führen. Arbeitsteilungen haben den Nachteil, dass die **fluide Intelligenz**, wenn auch nur begrenzt, abnimmt. Diese Mitarbeiter erhalten von ihrer Arbeitswelt zu wenig Input zur Informationsverarbeitung.[67] Dieser Nachteil kann jedoch kompensiert werden durch Tätigkeitswechsel, also „Job Rotation" der Mitarbeiter.[68] Weitere negative Effekte sind in Form von Generations- oder emotionalen Konflikten denkbar. Bei einer leistungsorientierten Vergütung könnte ein Konkurrenzkampf zwischen den beiden Generationen eintreten, der als Folge zur Überforderung oder Überlastung der Älteren führt. Eine weitere mögliche Konsequenz wäre die gegenseitige Ausgrenzung.[69]

---

[63] Vgl. Veen, Stephan (2008), S. 125 und 151
[64] Vgl. Büsch, Victoria / Dittrich, Dennis / Lieberum, Uta in Salzmann, Thomas (2010), S. 135
[65] Vgl Bundesministerium für Familie, Senioren, Frauen und Jugend (2008), S. 50
[66] Vgl. Rump, Jutta/Eilers, Silke (2012), S. 256
[67] Vgl. Büsch, Victoria / Dittrich, Dennis / Lieberum, Uta in Salzmann, Thomas (2010), S. 135
[68] Vgl. Deller, Jürgen, Kern, Stefanie/Hausmann, Esther/Diederichs, Yvonne (2008), S. 82
[69] Vgl. Lukas, Julia (2012), S. 128

Allerdings stagniert bei standardisierten Routineaufgaben in heterogenen Arbeitsgruppen die Produktivität. Dies bedeutet, dass in Unternehmen, in denen überwiegend standardisierte Routineaufgaben zu bewältigen sind, der Produktivitätseffekt um etwa 3 bis 5 Prozent sinkt. Diese Kosten können nicht kompensiert werden, so dass hier die Homogenität von Arbeitsgruppen eindeutig einen Vorteil bietet. Die Unternehmen müssen infolge dessen eine langfristige strategisch ausgerichtete Bedarfsanalyse der anfallenden Aufgabenbereiche unter Einbeziehung der Rekrutierungs- und Personalentwicklung konzipieren. Allerdings werden durch die Altershomogenität das „Groupthink", d. h. die Cliquenwirtschaft gefördert. Die Anpassung der Unternehmensstrategie wird negativ durch festgefahrene Strukturen beeinträchtigt. Die nachfolgende Abbildung zeigt den negativen Effekt von Kosten und Altersheterogenität und der Gesamtproduktivität bei Routineaufgaben.[70]

Kosten und Nutzen von Heterogenität und Gesamtproduktivität

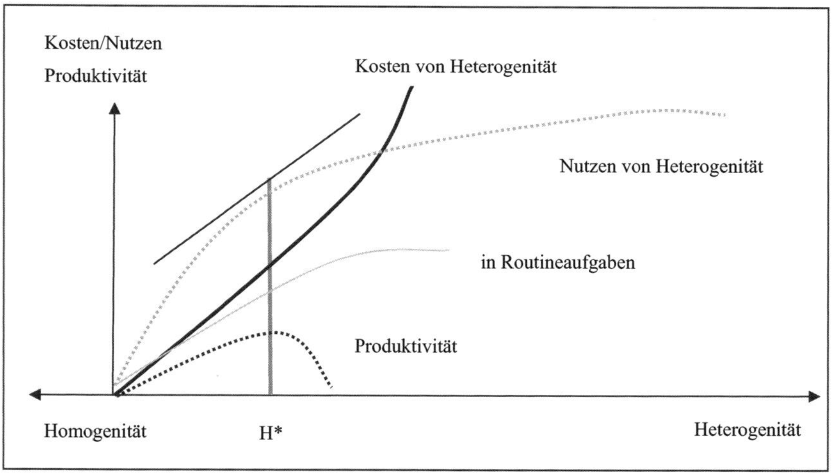

Abbildung 8: Kosten und Nutzen von Heterogenität und Gesamtproduktivität
Quelle: eigene Darstellung in Anlehnung an Veen, Stephan [2008], S. 121[71]

Die Abbildung zeigt, dass mit zunehmender Heterogenität die Kostenkurve steigt und die Nutzenkurve abnimmt. Dies bedeutet, dass die Gesamtproduktivität, die sich aus der Differenz zwischen der Kosten- und der Nutzenkurve ergibt, einen negativen Einfluss auf die Unternehmensproduktivität darstellt.

[70] Vgl. Veen, Stephan (2008), S. 121 und S. 151
[71] Vgl. ebd., S. 121

Die Gesamtproduktivität kann durch das Verschieben des Heterogenitätsgrads H* gesteuert werden. Das Verschieben des Heterogenitätsgrades H* nach rechts bewirkt, dass die Gesamtproduktivität gesteigert wird, was wiederum einen positiven Einfluss auf die Kosten- und Nutzenkurve nach sich zieht.[72]

Eine aktuelle **Studie des Zentrums der Europäischen Wirtschaftsforschung** - nachfolgend ZEW genannt- hat erstmals im März 2013 eine repräsentative Studie über den Einsatz verschiedener Personalinstrumente veröffentlicht. Die Studie belegt, dass altersgemischte Teams die Älteren motivieren, dem Unternehmen für einen längeren Beschäftigungszeitraum zur Verfügung zu stehen. Des Weiteren belegt sie, dass ältere Mitarbeiter nicht weniger produktiv sind als Jüngere. Altersgemische Teams sind demnach durch das große vorhandene Erfahrungswissen der Älteren und das Fachwissen der Jüngeren leistungsfähiger gegenüber Unternehmen, die nicht auf altersgemischte Teams setzen. Ein weiterer Effekt ist, dass die Produktivität der Jüngeren signifikant gesteigert wird. [73]

Auch tragen Weiterbildungsmaßnahmen und Altersteilzeitmodelle nicht zur Produktivitätssteigerung bei. Die Älteren verrichten nach erfolgreichem Abschluss der Weiterbildung oftmals die gleichen Aufgaben wie vor der Weiterbildung. Eine Tätigkeitserweiterung oder eine Tätigkeitsveränderung ist demnach nicht zu verzeichnen.[74] Maßnahmen in Form einer altersgerechten Ausstattung haben keinen Einfluss auf die Verweildauer im Unternehmen. Dagegen fördern Altersteilzeitmodelle tendenziell ein früheres Ausscheiden aus dem Unternehmen.[75]

---

[72] Vgl. Veen, Stephan (2008), S. 130

[73] Vgl. Zentrum für Europäische Wirtschaftsforschung GmbH (ZEW) Mannheim (2013), URL: http://www.zew.de/publikation6737/Abruf am 27.04.2013

[74] Vgl. Göbel, Christian/Zwick, Thomas (2010): Which Personnel Measures are Effective Increasing Productivity of Old Workers? Discussion Paper No. 10-069, S. 5

[75] Vgl. Zentrum für Europäische Wirtschaftsforschung GmbH (ZEW) Mannheim (2013), URL: http://www.zew.de/publikation6737/Abruf am 27.04.2013

3.4 Work-Life-Balance

Um im Alter die Balance zwischen Beruf und Freizeit zu finden, bieten sich flexible Arbeitszeit- oder Teilzeitmodelle an. Gerade ältere Mitarbeiter, die körperliche Tätigkeiten ausführen oder im Schicht- oder Nachtdienst eingesetzt werden, sind wesentlich höheren psychischen und physischen Belastungen ausgesetzt.[76]

Hier bieten sich flexible Arbeitszeiten, Teilzeitmodelle in Form von Jobsharing oder Vertrauensarbeitszeiten an, um die Mitarbeiter bis ins Rentenalter im Unternehmen zuhalten.[77] Erholungsphasen fördern zum einen die Gesundheit, verringern die Arbeitsunfähigkeitszeiten und steigern die Motivation. Aus Unternehmenssicht haben sie aber auch den positiven Effekt, verdichtete Arbeitsanforderungen oder saisonale Schwankungen besser kompensieren zu können.[78] Jobsharing bietet den Vorteil, dass eine ständige Präsenz am Arbeitsplatz gegeben ist. Krankheits- und Urlaubstage können dadurch zeitlich besser überbrückt werden.

Teilzeitmodelle führen zur Steigerung der Flexibilität und Produktivität und verringern die Fehlerquote. Der Koordinationsaufwand und der Kostenfaktor sind jedoch bei der Teilzeitarbeit höher.[79] Allerdings tragen aus Sicht der älteren Belegschaft flexible Arbeitszeit- und Teilzeitmodelle, eine stetige Weiterbildung und innerbetrieblich geförderte Gesundheitsmaßnahmen maßgeblich dazu bei, dass sie bis ins Rentenalter arbeitsfähig bleiben und ein gesichertes Arbeitseinkommen erwerben.[80] Auch wenn die mittlere und ältere Generation die Arbeits- und Privatsphäre streng trennt, wünschen sich 72 Prozent der über 50-Jährigen laut einer Umfrage von BITKOM eine flexiblere Arbeitszeitgestaltung bzw. auch, dass sie von zu Hause arbeiten können. Große Karriereziele werden in diesem Alter nicht mehr angestrebt, und in dieser Generation nimmt die Pflegebedürftigkeit der Angehörigen zu.[81] Neben der Verlängerung der Arbeitsfähigkeit der alterszentrierten Belegschaft sind die Unternehmen in Deutschland gefordert, entsprechende Ziele und Kriterien aufzustellen.

---

[76] Vgl. Bundesministerium für Familie, Senioren, Frauen und Jugend (2008), S. 44
[77] Vgl. Wanger, Susanne in Salzmann, Thomas (2010), S. 199
[78] Vgl. Lukas, Julia (2012), S. 185
[79] Vgl. Deller, Jürgen/Kern, Stefanie/Hausmann/Esther/Diederichs, Yvonne (2008), S. 193
[80] Vgl. Wanger, Susanne in Salzmann, Thomas (2010), S. 199
[81] Vgl. Bruch, Heike/Kunze, Florian/Böhm, Stephan (2010), S. 99

Laut der aktuellen **BITKOM-Umfrage** aus April 2013, an der 505 Beschäftigte im Alter von 16 bis 65 Jahren teilnahmen, ist das Arbeiten zu Hause für 79 Prozent wichtig für die Vereinbarung von Beruf und Familie. Von rund 1/3 der Belegschaft wird dies bereits praktiziert.[82] Unternehmen, die flexible Arbeitszeitmodelle anbieten, haben hier klare Vorteile bei der Rekrutierung und Bindung von Mitarbeitern.[83]

3.5 War for Talents

Die Unternehmen müssen die vorhandenen Talentpotenziale und Kompetenzen nutzen, um zukünftige Engpässe infolge des demographischen Wandels zu vermeiden. Allerdings führen längere Lebensarbeitszeiten dazu, dass War for Talents ihren eigenen Karriereweg planen und ihre Arbeitgeber während des Berufslebens öfters wechseln.[84] D. h. die Potenziale ganzer Mitarbeitergruppen sind aktiver zu nutzen und zu fördern. Hierzu ist eine strategische und vorausschauende Personalplanung erforderlich. Eine frühzeitige Identifizierung der War for Talents und Investition ist der Schlüsselfaktor, dass diese sich langfristig an das Unternehmen binden.[85] War for Talents streben im Berufsalltag nach neuen Herausforderungen, Wachstum und Weiterentwicklung. Sie neigen zur Selbstverwirklichung und möchten ihr Wissen, ihre Qualifikation und Kompetenzen einsetzen, erweitern und Neues entdecken. Der Spaß bei der Arbeit ist durch interessante und sinnhafte Arbeitsinhalte auszufüllen. Der anspruchsvolle Job muss im Einklang mit der Familie stehen und genügend Zeit für das Private zulassen.[86] Dabei wird der Fokus auf finanzielle Freiheiten gerichtet, um den Genuss in der Freizeit auch genießen zu können.[87] Handlungsspielräume bei der Bewältigung der täglichen Arbeitsanforderungen, flexible Arbeitsplätze und Arbeitszeitmodelle erscheinen hier als ein wichtiger Bindefaktor.[88]

---

[82] Vgl. Kempf, Dieter (2013), Arbeiten in der digitalen Welt, S. 8 ff., URL: http://www.bitkom.org/, Abruf am 1604.2013

[83] Vgl. Rump, Jutta/Eilers, Silke (2012), S. 239

[84] Vgl. Meifert, Matthias, T. (2008), S. 205

[85] Vgl. ESCP Europe: Agenda Mittelstand (2011): Talent Management im Mittelstand - mit Innovationen Strategien gegen den Fachkräftemangel, Berlin, 2011, S. 9 URL: http://www.ey.com/, Abruf am 16.05.2013

[86] Vgl. Bundesministerium für Arbeit und Soziales (BMAS), Öffentlichkeitsarbeit und Internet (2012): Das Portal zur Fachkräfte Offensive, Berlin 2012, URL: http://www.fachkraefte-offensive.de/, Abruf am 06.05.2013

[87] Vgl. Chalupa, Martina (2010), S. 2007

[88] Vgl. Rump, Jutta/Eilers, Silke (2012), S. 239

Aber auch die technischen Voraussetzungen müssen stimmen, um die War for Talents zu begeistern. Traditionelle Lerntechniken haben hier schon lange ausgedient. Ortsunabhängiges Lernen und der Einsatz verschiedener Lernmethoden, d. h. Blending Learning, ergänzt durch spielerisches erfahrungsorientiertes Lernen, sind hier ein wichtiger Bestandteil.[89] Die Unternehmen müssen lernen, sich für die Zukunft neu zu orientieren und die Innovationsfähigkeit der War for Talents als Innovationsprojekt und als wirtschaftlicher Entwicklungsfaktor zu sehen. Exzellente Qualität erhöht zum einen das Humankapital der War for Talents und steigert den Unternehmenswert; zum anderen wird die Abwanderung der War for Talents ins Ausland verhindert. Maßgeblich tragen neue Produkte und Dienstleistungen, das Erschließen von neuen Absatzwegen sowie der Aufbau von Lieferantenbeziehungen zur Unternehmensentwicklung bei - siehe hierzu nachfolgende Abbildung -.[90]

Mitarbeiter und Führungskräfte zur Unternehmensentwicklung

Abbildung 9: Projekte zur Entwicklung neuer Geschäftsmöglichkeiten
Quelle: eigene Darstellung in Anlehnung an Faix, Werner [2008], S. 57

[89] Vgl. Deutsche Gesellschaft für Personalführung (2011), S. 36
[90] Vgl. Faix, Werner/Schulten, Annette/Djalali, Ardin/Hammer, Claus-Peter/Golisch, Christine (2008), S. 57

Die Entwicklung von Ideen, die Verbesserung von Abläufen, Produkten und Dienstleistungen kann durch Lern- und Wissensplattformen, Unternehmens-Wikis sowie Experten-Pools über die Grenzen des Unternehmens unterstützt und als Erfahrungsaustausch genutzt werden, dies dient der kollegialen Beratung.[91] Die Implementierung von virtuellen Netzwerken und Communities beschleunigt dabei den Lernprozess sowie den Wissens- und Informationsaustausch und baut bürokratische Hierarchien ab, was sich positiv auf die Reaktionsgeschwindigkeit auswirkt.[92]

3.6 Zusammenfassung

Aus den zuvor gewonnenen Erkenntnissen kann abgeleitet werden, dass die Unternehmen dazu aufgerufen sind, sich weiterzuentwickeln. Die Arbeits- und Erwerbsfähigkeit ist durch gesundheitliche Programme und ein ausgewogenes Verhältnis von Beruf und Freizeit zu fördern. Nur so kann eine lange Beschäftigungsdauer für alle Generation in der Zukunft erreicht und gleichzeitig Fehlzeiten reduziert werden. Die Personalentwicklung ist zunehmend gefordert, den Einsatz von Personalinstrumenten, Karriere-, Entwicklungs- und Beschäftigungsplänen strategisch in Zusammenarbeit mit der Unternehmensleitung auszurichten. Weiter besteht ihre Aufgabe darin, die Leistungspotenziale der Mitarbeiter frühzeitig zu erkennen und vorhandene Fähigkeiten und Fertigkeiten durch Weiterbildungsangebote und Wissensaustauch weiterzuentwickeln, so dass das Know-how auf dem aktuell geforderten Stand vorhanden ist. Dies ermöglicht neue Innovationswege und neue betriebliche Wege in Form von Job Enrichment oder Job Enlargement. Das gilt übrigens für alle Generationen, egal ob jung oder alt. Altersgemischte Teams in Unternehmen helfen, den Wissensaustausch zwischen den Generationen zu fördern und haben den Effekt, dass das Wissen im Unternehmen bleibt und gesichert wird. Allerdings können durch heterogene Alterszusammensetzungen auch Konflikte zwischen den Generationen entstehen. Die Unternehmensleitung ist hier wieder in Zusammenarbeit mit der Personalentwicklung gefordert, entsprechende Lösungsansätze zu entwickeln, um zum einen die Aufgabenbewältigung in der Zukunft sicherstellen und zum anderen die Wettbewerbsfähigkeit auf dem Markt gewährleisten zu können. Das nächste Kapitel setzt sich nunmehr explizit mit den Zielen der Unternehmen und Kriterien für einen erfolgreichen Umgang mit dem demographischen Wandel auseinander.

---

[91] Vgl. Deutsche Gesellschaft für Personalführung (2011), S. 36
[92] Vgl. Meifert, Matthias, T. (2008), S. 205

4 Ziele der Unternehmen und Kriterien für einen erfolgreichen Umgang mit dem demographischen Wandel

Die Unternehmen sind zur Sicherung der Zukunft aufgerufen, die in Deutschland lebenden und gut ausgebildeten Fachkräfte, aber auch potenzielle Zuwanderer, zu gewinnen.[93] Die Wettbewerbs- und Innovationsfähigkeit auf dem deutschen Markt wird von qualifizierten Fachkräften, gerade in den MINT-Berufen, bestimmt.[94] Immatrikuliert in diesen Fachbereichen waren im Jahr 2010 gerade einmal 16 Prozent der Frauen. Hier konnte gegenüber 2001 nur ein Zuwachs von knapp einem Prozent erzielt werden. Männer nehmen hier einen Anteil von 46 Prozent ein, d. h. fast jeder Zweite hat Interesse an diesen Fachrichtungen.[95] Dabei sind aber auch die Talente des Einzelnen, unabhängig von der Herkunft und dem sozialen Hintergrund, mit einzubeziehen bzw. zu fördern. Die noch ungenutzten Ressourcen der Erwerbspotenziale der im Berufsleben stehenden Frauen, die überwiegend in Teilzeit beschäftigt sind, sind durch entsprechende flexible Arbeitszeiten sowie die Förderung der Vereinbarkeit von Familie und Beruf anzupassen. Die Unternehmen von heute müssen den verschiedensten Ansprüchen der Belegschaft gerecht werden, um ihre Attraktivität als Arbeitgeber halten zu können.[96]

4.1 Integration von ausländischen Fachkräften

Eine einheitliche Bewertung von im Ausland erworbenen Qualifikationen stellt das im April 2012 geschaffene Anerkennungsgesetz sicher. Männer und Frauen, die ihre Qualifikation in ihren Heimatländern nicht nutzen konnten, erhalten nunmehr die Chance, ihre Potenziale in Deutschland einzusetzen. Von diesem Rechtsanspruch werden ca. 300.000 Frauen und Männer der in Deutschland lebenden Migranten Gebrauch machen. Sie leisten u. a. durch Mehrsprachigkeit einen wichtigen expliziten Beitrag zur Sicherung der Fachkräftebasis und verschaffen sich hinsichtlich ihrer Qualifikation Respekt. Allerdings haben sie bis zum heutigen Zeitpunkt auf dem deutschen Arbeitsmarkt noch nicht dieselbe Integration und Wertschätzung wie die einheimische Bevölkerung erhalten, so dass hier das Erwerbspotenzial noch nicht vollkommen ausgeschöpft ist.[97]

---

[93] Vgl. Schavan, Annette in Franz, Otmar (2013), S. 18
[94] Vgl. Ost, Friedhelm in Franz, Otmar (2013), S. 43
[95] Vgl. Mischke Johanna (2012): Studierende in MINT-Studiengängen Deutschland (2012), Ausgabe 2012, S. 22
[96] Vgl. Schavan, Annette in Franz, Otmar (2013), S. 21-
[97] Vgl. ebd., S. 25

Die erleichterte Zuwanderungsregelung verschafft Akademikern und qualifizierten Fachkräften aus Drittstaaten den Zugang zum deutschen Arbeitsmarkt und führt nachhaltig zur Sicherung des Humankapitalbestands.[98] Gerade im MINT-Bereich sind die Unternehmen auf eine qualifizierte Zuwanderung angewiesen, um weiterhin innovativ und leistungsstark zu sein sowie gute Qualität „Made in Germany" bieten zu können. Die Blaue Karte EU vereinfacht gerade in diesem Bereich die Zuwanderung aus Drittstaaten, vorausgesetzt die ausländischen Arbeitnehmer verdienen genauso viel wie ihre inländischen Arbeitskollegen. Mit der Willkommenskultur „Make it in Germany" soll aufgezeigt werden, dass internationale Fachkräfte bei uns willkommen sind. Deutschland ist ein attraktiver Lebens- und Arbeitsstandort, der Berufsperspektiven eröffnet und interessante Karrieremöglichkeiten bietet. Ziel muss es sein, zur Sicherung der deutschen Wirtschaft, die Fachkräfte aus dem Ausland für Deutschland zu begeistern.[99]

Die Bundesagentur für Arbeit - nachfolgend BA genannt - geht weiter davon aus, dass bis zum Jahr 2025 zwischen 400.000 und 800.0000 hochqualifizierte Arbeitskräfte aus Drittstaaten für den deutschen Arbeitsmarkt gewonnen werden können. Die Zentrale Auslands- und Fachvermittlung - nachfolgend ZAV genannt - sieht große Potenziale im akademischen, aber auch in nicht akademischen Bereichen von jungen Menschen aus Süd- und Südosteuropa. [100] In Spanien, Griechenland, Italien und Portugal haben viele Menschen infolge des Wirtschaftseinbruchs ihren Job verloren. Die Rekrutierung verringert zumindest kurzfristig auf der einen Seite den Fachkräftemangel; auf der anderen Seite steigt die Arbeitslosigkeit in dem jeweiligen Land. Die Beschäftigung wächst demnach europaweit. Allerdings ist an dieser Stelle zu erwähnen, dass auch in **anderen Ländern** - wie z. B. in Schweden oder Luxemburg - Mitarbeiter gesucht werden, da auch dort ein Fachkräfteengpass herrscht. [101] Die nachfolgende Abbildung stellt den Fachkräftemangel in kleinen und mittleren Unternehmen in Europa dar.

---

[98] Vgl. Ost, Friedhelm in Franz, Otmar (2013), S. 43

[99] Vgl. Bundesministerium für Arbeit und Soziales (BMAS), Öffentlichkeitsarbeit und Internet (2012): Das Portal zur Fachkräfte Offensive, Berlin 2012, URL: http://www.fachkraefte-offensive.de/, Abruf am 01.05.2013

[100] Vgl. Baharian, Armin/Kouli, Ekaterina/Ratazzi-Förster, Brigitta in Zehrfeld, Axel, W. (2012), S. 112 ff.

[101] Vgl. Preißing, Dagmar (2010), S. 22

[101] Vgl. Demary, Markus/Erdmann, Vera Institut der deutschen Wirtschaft (2012): Wandern wegen eines Jobs, Ausgabe Nr. 35, 30.08.2012, S. 6

Fachkräftemangel in Europa

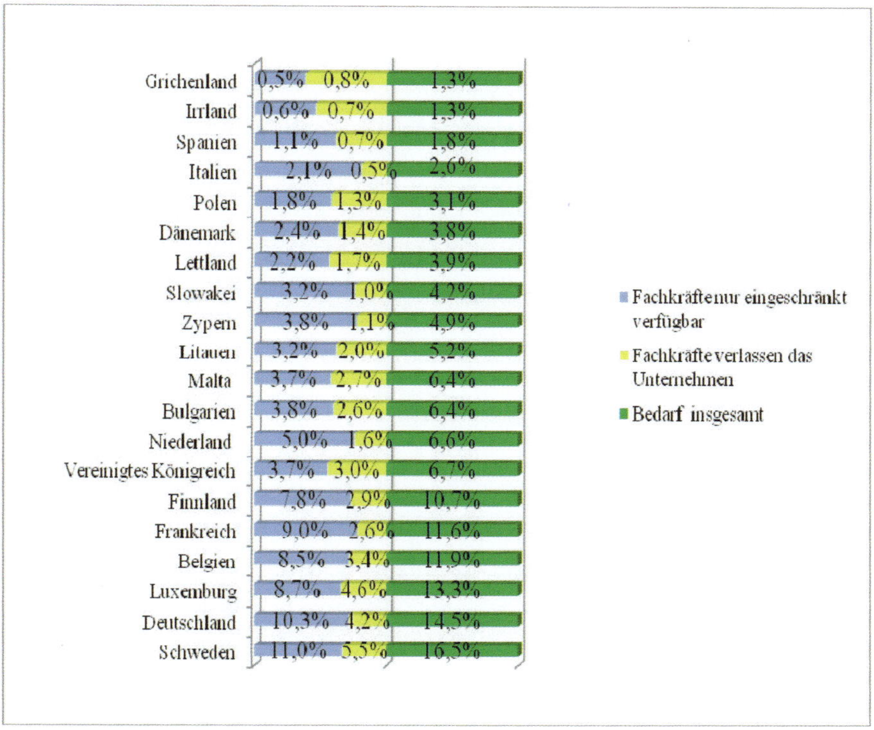

Abbildung 10: Fachkräftemangel in Europa zwischen 2011 und 2013
Quelle: eigene Darstellung in Anlehnung an Demary, Markus/Erdmann, Vera, IWD Köln [2012], S. 6[102]

Die Abbildung zeigt, dass der Fachkräftemangel auch andere europäische Länder bereits erreicht hat. So hat Schweden den höchsten Fachkräfteengpass mit einem Anteil von 17 Prozent, dicht gefolgt von Deutschland mit 15 Prozent. Dagegen haben Fachkräfte in anderen europäischen Ländern wie z. B. in Griechenland und Irland, infolge des Wirtschaftsbruchs, ihre Arbeitsplätze verloren.[103] Die Unternehmen in Deutschland können mit den Vorzügen des Unternehmensstandorts punkten und gegebenenfalls mit betrieblichen Zusatzleistungen um die internationalen Fachkräfte werben.

---

[102] Vgl. Demary, Markus/Erdmann, Vera Institut der deutschen Wirtschaft (2012): Wandern wegen eines Jobs, Ausgabe Nr. 35, 30.08.2012, S. 6
[103] Vgl. ebd., S. 6

Schafft man es, diese für das Unternehmen zu gewinnen und zu binden, haben sich Aufwand und Kosten für die Rekrutierung gelohnt.[104] Die Anwerbungskosten für ausländische Fachkräfte fallen jedoch höher aus als bei inländischen Fachkräften. Hier fallen zusätzliche Kosten für Sprachkurse, Weiterbildungsmaßnahmen sowie zur Unterstützung bei der Wohnungssuche etc. an. Große Unternehmen bieten mittlerweile neben Sprachkursen auch Mentor-Programme, Hilfe bei der Suche nach Kinderbetreuung, Erledigung von Behördengängen sowie Karrierepläne für den Partner an.[105] Gerade für kleine Unternehmen, die nicht international tätig sind, gestaltet sich diese Rekrutierungsform des Personaleinsatzes aufgrund der begrenzten finanziellen Ressourcen als problematisch.[106]

4.2 Erhöhung der Frauenbeschäftigungsquote

Laut den Angaben des Statistischen Bundesamts 2011 gehen Frauen oft einer Teilzeitbeschäftigung mit einer durchschnittlichen Wochenarbeitszeit von 18,5 Stunden nach. Über 30 Prozent würden gerne ihre Arbeitszeit verlängern, jedoch fehlen in den Unternehmen **familiengerechte Arbeitszeiten**, sowie **Betreuungsmöglichkeiten**, für die **Kinder und Pflegebedürftigen**. Das Thema Pflege wird zukünftig infolge der zunehmenden Lebenserwartung stärker in den Fokus rücken. Hier zeigt eine repräsentative Umfrage aus dem Jahr 2011, **berufundfamilie gGmbH**, dass gerade in diesem Bereich in den Unternehmen noch ein erheblicher Aufklärungsbedarf indiziert ist. 62 Prozent der befragten Unternehmen haben sich bisher mit diesem Thema noch nicht einmal auseinandergesetzt und 71 Prozent konnten keine betriebliche Maßnahme nennen.[107] Auf dem Arbeitsmarkt befinden sich ca. 1,2 Millionen qualifizierte Frauen, deren Potenziale aufgrund mangelnder Rahmenbedingungen weitgehend ungenutzt bleiben. Diese ist für den Fachkräftemangel mit verantwortlich.[108]

---

[104] Vgl. Baharian, Armin/Kouli, Ekaterina/Ratazzi-Förster, Brigitta in Zehrfeld, Axel, W. (2012), S. 112 ff.
[105] Vgl. Anger, Christina/Erdmann, Vera/Plünnecke, Axel (2011): MINT-Trendreport, Köln, 2011, S. 1, URL: http://www.iwkoeln.de/de/studien/gutachten/beitrag/63391, Abruf am 04.05.2013
[106] Vgl. Heine, Eberhard in Zehrfeld, Axel, W. (2012), S. 94
[107] Vgl. Becker, Stefan in Zehrfeld, Axel, W. (2012), S. 208
[108] Vgl. Bundesministerium für Arbeit und Soziales (BMAS), Öffentlichkeitsarbeit und Internet (2012): Das Portal zur Fachkräfte Offensive, S. 8 ff. Berlin 2012, URL: http://www.fachkraefte-offensive.de/, Abruf am 07.05.2013

Gerade Unternehmen, die eine hohe Teilzeitquote aufweisen, haben die Möglichkeit aufgrund einer stärkeren Einbindung von Frauen, das Fachkräftepotenzial zu erhöhen. Hiermit ließe sich ein zusätzliches Fachkräftepotenzial von bis zu 2,1 Mio. Vollbeschäftigte erschließen.[109] Die Teilzeitquote in Deutschland liegt bei 45,6 Prozent. Dies bedeutet, dass nahezu jede 2. Frau lediglich eine Teilzeittätigkeit ausübt. Spitzenreiter sind die Niederlande, die eine Teilzeitquote von 74,7 Prozent erreichen und Deutschland in der Teilzeitquote übertreffen. Der Durchschnitt der EU-Länder weist eine Teilzeitquote von 30,8 Prozent aus. Die nachfolgende Abbildung zeigt, dass Frauen in Deutschland vor allem deshalb nicht in Vollzeit berufstätig sind, weil sie Kinder oder kranke Angehörige betreuen.[110]

Gründe, warum Frauen in Deutschland teilzeitbeschäftigt sind

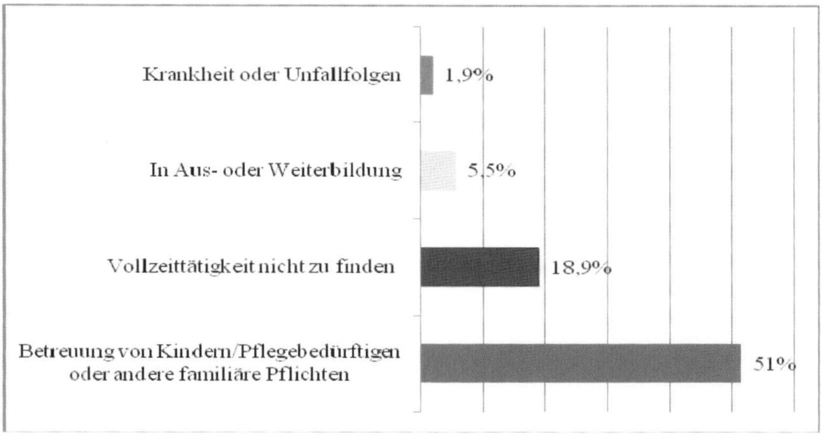

Abbildung 11: Gründe warum Frauen in Deutschland teilzeitbeschäftigt sind
Quelle: eigene Darstellung in Anlehnung an Statistisches Bundesamt [2012], S. 1, Abruf am 08.05.2013

Jedes Unternehmen, unabhängig von der Betriebsgröße, ist zur Steigerung der Arbeitgeberattraktivität angehalten. Die Arbeitsbedingungen sind familienfreundlich zu gestalten und als Teil der Unternehmenskultur anzuerkennen. Dazu ist ein Umdenken in den Köpfen der Unternehmen und der Führungskräfte mit dem Ziel erforderlich, eine familien- und kinderfreundliche Einstellung zu erreichen. Eine ausgewogene Balance zwi-

[109] Vgl. McKinsey Deutschland (2011): Wettbewerbsfaktor Fachkräfte, Seite 25, URL: http://www mckinsey.de/, Abruf am 08.05.2013
[110] Vgl. Statistisches Bundesamt (2012): Teilzeitquote von Frauen in Deutschland deutlich über EU-Durchschnitt, URL: https://www.destatis.de/, Abruf am 08.05.2013

schen Familie und Beruf beeinflusst die Produktivität durch motivierte und ausgeglichene Fachkräfte positiv.

Ein wichtiges Potenzial ist die Gewinnung und Integration von Frauen in MINT-Berufen durch gemeinsame Nutzung von Unternehmensnetzwerken sowie entsprechender Marketingstrategien. Bei der Rekrutierung, der Lohnzahlung sowie den angebotenen Karrieremöglichkeiten ist hier die Gleichbehandlung aus ökonomischer Sicht zwischen Mann und Frau angezeigt.[111]

4.3 Weiterqualifizierung des vorhandenen Personals

Der Wissensstand der älteren Mitarbeiter ist zur Bewältigung der auszuführenden Aufgaben mit den hierfür erforderlichen Weiterbildungsmaßnahmen fortlaufend weiterzuentwickeln und anzupassen. Eine Nichtberücksichtigung oder unpassende Weiterbildungsangebote führen zur Bildung von externen Barrieren, aus denen sich dann die internen Motivationsbarrieren, d. h. der mangelnde Wille zur Teilnahme, ergeben. Dies hat zur Folge, dass Qualifikationsdefizite und Motivationsverluste bei den Betroffenen eintreten, die einen früheren Austritt aus dem Erwerbsleben begünstigen. Die Folge sind entstehende Transaktionskosten für die Anwerbung von neuen Mitarbeitern. Infolge des demographischen Wandels hat das kurzfristige betriebliche „cost-benefit-Denken" ausgedient, bei dem die Weiterbildungsmaßnahmen auf die jüngeren Mitarbeiter fokussiert sind. Die Personalentwicklung ist gefordert, sich von bestehenden negativen Vorurteilen gegenüber der älteren Generation zu lösen und sie mit entsprechenden zugeschnitten Konzepten in die Gemeinschaft zu integrieren. Eine vermeidbare Reduktion und eine Investition in das vorhandene Humankapital tragen zur langfristigen Sicherung des Unternehmens bei.[112]

Die Arbeitgeber investieren laut einem aktuellen **Trendbericht aus dem Jahr 2012** mehr in die Weiterbildung ihrer Mitarbeiter. Gegenüber 2010 ist ein signifikanter Anstieg mit einem Faktor von 1,3 zu verzeichnen. Die betrieblich veranlassten Weiterbildungsmaßnahmen übertreffen erstmals die selbst initiierten. Verbunden hiermit ist ein

[111] Vgl. Schartau, Harald in Franz, Otmar (2013), S. 149
[112] Vgl. Lukas, Julia (2012), S. 117

Anstieg der Kostenübernahme durch die Arbeitgeber. Die Teilnehmerquote erreichte mit 49 Prozent den höchsten Stand seit 1979.

In Ostdeutschland betrug die Teilnahme an Weiterbildungen zwischen 18 und 64 Jahren 53 Prozent, im Westen waren es 48 Prozent. Erhebliche Zuwächse sind in Westdeutschland unter den Fach- und Führungskräften zu verzeichnen. In Ostdeutschland kommen neben den Fach und Führungskräfte noch An- und Ungelernte hinzu.[113] Die nachfolgende Abbildung zeigt die Weiterbildungsbeteiligung von 2010 bis 2012.

Weiterbildungsbeteiligung nach Altersgruppen und Erwerbstätigen

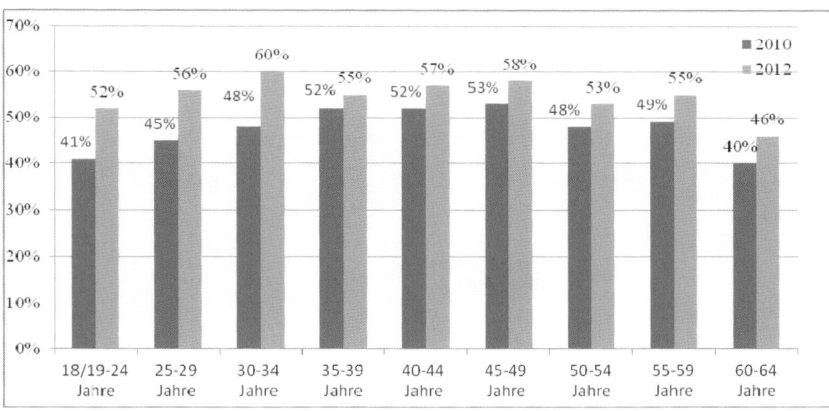

Abbildung 12: Weiterbildungsbeteiligung nach Altersgruppen und Erwerbstätigen
Quelle: eigene Darstellung in Anlehnung an Bundesministerium für Bildung und Forschung [2013], S. 36 [114]

Aus der Abbildung kann abgeleitet werden, dass die Arbeitgeber den Weiterbildungsbedarf erkannt haben, auch im Hinblick auf die älteren Mitarbeiter. Die Arbeitgeber sind, um dem demographischen Wandel entgegenzuwirken, gefordert, ihre Personalplanung strategisch auszurichten. Karriere- und Laufbahnpläne sind aufzustellen und den Bedürfnissen der Mitarbeiter anzupassen. Das Wissen, die Fähigkeiten und die Qualifikation sind durch gezielte Weiterbildungsmaßnahmen individuell zu fördern.

[113] Vgl. Bundesministerium für Bildung und Forschung (BMBF): Weiterbildungsverhalten Deutschland, AES 2012 Trendbericht, S. 1, Ausgabe Februar 2013
[114] Vgl. ebd., S. 36

4.4 Zusammenfassung

Aus den zuvor gewonnenen Erkenntnissen kann abgeleitet werden, dass die Unternehmen bisher ungenutzte Fachkräfteressourcen aktivieren müssen. Neben der Erhöhung der Frauenbeschäftigungsquote und Weiterbildungsmaßnahmen ist eine weitere Möglichkeit das Rekrutieren ausländischer Fachkräfte. Gerade Fachkräfte, die in ihren Heimatländern ihre Fähigkeiten nicht einsetzen können, erhalten die Chance, diese in Deutschland einzusetzen und zwar zu den gleichen Bedingungen wie inländische Fachkräfte. Dem Fachkräftemangel kann demnach - zumindest kurzfristig - abgeholfen werden. Allerdings muss an dieser Stelle erwähnt werden, dass auch andere Länder den Fachkräftemangel bereits erreicht und erkannt haben, sodass hier von Seiten der deutschen Unternehmen ein kurzfristiges und schnelles Handeln mit Anwerben von Zusatzleistungen und Unterstützungsprogrammen erforderlich ist. Unternehmensnetzwerke, eine gut durchdachte Marketingstrategie und gute Arbeitsbedingungen eröffnen hier für die Unternehmen neue Wege, Deutschland als attraktiven Standort und Arbeitgeber zu präsentieren und eine langfristige Bindung der Mitarbeiter zu erreichen, worauf im nächsten Kapitel eingegangen wird.

5 Mitarbeiterbindung

In der wissenschaftlichen Literatur gibt es für das Binden von Mitarbeitern keine eindeutige Begriffsdefinition.[115] Die Bindung besteht aus **zwei Beteiligten**, dem Unternehmen und dem jeweiligen Mitarbeiter. Sie stellt somit einen wechselseitigen Prozess dar, der eine hohe Flexibilität und Anpassung verlangt, um qualifizierte Mitarbeiter als Zukunftssicherung des Unternehmens auf Dauer zu binden.[116] Im Personalmanagement wird seit gewisser Zeit der Begriff Retention verwendet, dieser meint in diesem Kontext die Mitarbeiterbindung - nachfolgend MA-Bindung genannt -.[117] Laut dem Management-Denker Peter F. Drucker müssen die Unternehmen sich an den Gedanken gewöhnen, dass sie weit mehr von ihren besten Mitarbeitern abhängen, als die guten Mitarbeiter von ihrem Unternehmen. Sie bilden das Humankapital und sind somit nicht als reiner Kostenfaktor zu sehen. Als Investitions- und Wertschöpfungsfaktor stellen sie einen wichtigen Erfolgsfaktor für das Unternehmen dar.[118] Die Unternehmens- und Mitarbeiterbeziehung ist eine große Herausforderung für die deutschen Unternehmen, sie wird positiv durch zeitgemäße und adäquate Arbeitsbedingungen beeinflusst. Diese sind die Ausgangsbasis zur Bindung an das Unternehmen und zur Förderung der Leistung und Loyalität der Mitarbeiter.[119]

Eine aktuelle **Studie der German Graduate School of Management and Law** - nachfolgend GGS genannt - bestätigt im War for Talents, dass 70 Prozent der Mitarbeiter, denen Trainings-, Seminar- und Weiterbildungsangebote angeboten werden, ihr Unternehmen mit nur einer sehr geringen Wahrscheinlichkeit verlassen. 73 Prozent fühlen sich emotional stärker gebunden und 77 Prozent der befragten Mitarbeiter besitzen eine hohe Arbeitszufriedenheit.[120]

---

[115] Val. Szebel-Habig, Astrid (2004), S. 33
[116] Vgl. Loffing, Dina/Loffing, Christian (2010), S. 5
[117] Vgl. Herleth, Tatjana (2008), S. 4
[118] Vgl. Maier, Gerhard in Beyer, Lothar/Frick, Detlev/Gadatsch, Andreas/Paul, Hansjürgen (2003), S. 275
[119] Vgl. Armutat, Sascha (2004), S. 83
[120] Vgl. Schwarzer, Markus (2013): Weiterbildung ist Schlüsselfaktor im War for Talents, Seite 1, URL: http://www.bildungsspiegel.de/, Abruf am 22.05.2013

Laut einer aktuellen Studie von Ernst & Young im Rahmen einer Talentmanagement-Umfrage gaben bereits 52 Prozent der mittelständischen Unternehmen an, dass sie **„sehr intensive“** oder **„intensive“ Trainingsmaßnahmen** zur Bindung der Mitarbeiter einsetzen, um dem demographischen Fachkräftemangel entgegenzuwirken.[121]

An dieser Stelle ist zu sagen, dass die MA-Bindung die Umkehrung der unerwünschten Fluktuation darstellt. Hierbei muss sich mit der Frage auseinandergesetzt werden: Welche Faktoren lassen sich hieraus ableiten, um künftig unerwünschte Fluktuationen und die daraus entstehenden Kosten zu vermeiden? Die Ergebnisse liefern wichtige Erkenntnisse für die MA-Bindung. Hierauf wird im nächsten Kapitel explizit eingegangen.

5.1 Fluktuation versus Bindung

Unter Fluktuation versteht man alle Abgänge in einem Betrieb, die auf freiwilliger oder unfreiwilliger Basis geschehen. Das Buch beschränkt sich auf die freiwillige, die „interorganisationale Fluktuation“. Dies bedeutet, dass der Stellenwechsel zwischen einzelnen Betrieben erfolgt, die voneinander unabhängig sind. Die Kündigung kommt auf freiwilliger Verhaltensbasis aus Sicht der Arbeitnehmer zustande.[122] Bei Austritt aus dem Unternehmen ist seitens der Personalabteilung ein Austrittsgespräch oder ein Austrittsfragebogen hilfreich, um die Fluktuationsgründe, die zum Verlassen der Organisation führen, zu erfahren.

Im nächsten Schritt sind diese dann zu gewichten und zu bewerten. Um die Stelle wieder adäquat besetzen zu können, fallen Fluktuationskosten für Anwerbung, Auswahl- und Einstellung sowie die Einarbeitung an. Diese liegen bei ca. 125 Prozent des letzten Jahresgehaltes.[123] In diesem Fall tritt das Lost-memory-Syndrom auf, d. h. ein Wissens- und Erfahrungsverlust, über das keine Dokumentation besteht.

---

[121] Vgl. ESCP Europe: Agenda Mittelstand (2011): Talent Management im Mittelstand - mit Innovationen Strategien gegen den Fachkräftemangel, Berlin, 2011, S. 30 URL: http://www.ey.com/, Abruf am 23.05.2013

[122] Vgl. Neuhaus, Astrid (2010), S. 43

[123] Vgl. Kolb, Meinulf/Burkart, Brigitte/Zundel, Frank (2010), S. 172

Das Eisberg-Syndrom, d. h. das implizite Wissen des ausscheidenden Mitarbeiters, das für das Treffen von Unternehmensentscheidungen zuständig ist, geht ebenfalls verloren und kann nicht einfach wieder hinzugekauft werden.[124] Zur Messung der Fluktuation hat sich in Europa und den USA die nachfolgend aufgeführte Formel etabliert: **T = Anzahl Austritte / durchschnittlicher Personalbestand x 100**. Dabei steht T für Turnover Rate/Fluktuationsrate. Die Praxis zeigt allerdings, dass dieser Formel zur Ermittlung der Fluktuationsrate nur wenig Beachtung geschenkt wird und die Fluktuationsanstrengungen oftmals unberücksichtigt bleiben.[125]

Aktuelle studienübergreifende wissenschaftliche Erkenntnisse zeigen eine Vielzahl von Fluktuationsdeterminanten. Diese basieren auf theoretischen Modellen und entsprechenden Untersuchungen von über 30 Autoren zur Fluktuation, die in einem ersten Schritt analysiert wurden. Diese Studie wurde genutzt, da sie auf einem aktuellen Stand basiert. Verschiedene Modelle decken ein breites Spektrum ab und analysieren die neuere Literatur aus den Jahren 2001 bis 2011. Eine Aufteilung erfolgte in unternehmensinterne und unternehmensexterne Faktoren. Eine Auswertung nach der Häufigkeit der unternehmensinternen Faktoren, die vom Unternehmen primär beeinflussbar sind, ergab, dass in **23 Studien die Arbeitszufriedenheit, in 13 Studien das Betriebsklima und in 8 Studien die monetären Anreize** eine entscheidende Rolle spielte. Bei den unternehmensexternen Faktoren spielen demographische und persönliche Eigenschaften des Mitarbeiters eine entscheidende Rolle. Diese Faktoren liegen zwar nicht im direkten Einflussbereich des Unternehmens. Sie spielen allerdings bei der Suche und Auswahl der Mitarbeiter eine entscheidende Rolle. Hierauf wird aufgrund der Eingrenzung des Themas auf den Fokus der MA-Bindung nicht näher eingegangen - siehe hierzu nachfolgende Tabelle -.[126]

[124] Vgl. Lukas, Julia (2012), S. 105
[125] Vgl. Hofe vom, Anja (2005), S. 15
[126] Vgl. Krill, Malte (2012): Mitarbeiterbindung als Umkehrung der Fluktuation: Implikationen der Fluktuationsdeterminantenforschung, Zeitschrift für Management, Ausgabe Juni 2012, S. 418

Studienübergreifende Analyse der berücksichtigten Determinanten bei der Fluktuation

			Unternehmensinterne Faktoren										Unternehmens-externe Faktoren	
			1	2	3	4	5	6	7	8	9	10	11	12
	Autor(en)	Jahr	Arbeits-zufriedenheit	Monetäre Anreize	Arbeitsinhalte und -abwechselung	Betriebsklima, Integration und Verhältnis zu Vorgesetzten	Information und Kommunikation	Weiterbildungsmöglichkeiten	Entwicklungsperspektiven	Entscheidungsfreiräume, -beteiligung und Verantwortung	Arbeitsplatzsicherheit	Image des Unternehmens	Arbeitsmarktsituation und -chancen	Faktoren des Mitarbeiters
1	March/ Simon	1958	X						X			X	X	X
2	Porter/Steers	1973												
3	Rippe	1974												
4	Price	1977												
5	Sabathil	1977												
6	Mobley	1977	X										X	X
7	Steers/Mowday	1981	X	X	X	X							X	X
8	Arnold/Feldmann	1982	X								X			X
9	Dalessio/Silvermann/ Schuck	1986	X											X
10	Cotton/Tutttle	1986	X											X
11	Semmer/Baillod	1993/94/ 96	X		X	X								X
12	Grund	2000	X	X							X	X	X	X
13	Lambert/Hogan/Barton	2001	X											X
14	Grunwald	2001												X
15	Lohaus/Habermann	2002												
16	Benkhoff/Mallmann	2003												
17	Sousa-Poza/Sousa-Poza	2003												
18	Gehlen	2004												
19	Fee/Hadlock	2004				X			X					
21	Grimpe	2005	X	X		X					X			
22	Golden	2006												
23	Itasse	2007		X	X	X	X	X	X	X				
24	Khilji/Wang	2007									X			X
25	Weller	2007	X						X				X	X
26	Mure	2007						X						
27	Senter/Martin	2007												
28	Li	2008												
29	Brunner	2009												
30	Collins	2010												
32	Costigan et al	2011				X								
33	Walsh	2011	X											
		Anzahl	**23**	**8**	**5**	**13**	**2**	**3**	**6**	**4**	**5**	**6**	**11**	**19**
		Anteil												

Legende X=in spezifischer Studie identifizierte Determinante;
leere Felder=nicht in spezifischer Studie identifizierte Determinante

Tabelle 4: Studienübergreifende Analyse
Quelle: Vgl. Krill, Malte [2012], S. 418[127]

[127] Vgl. Krill, Malte (2012): Mitarbeiterbindung als Umkehrung der Fluktuation: Implikationen der Fluktuationsdeterminantenforschung, Zeitschrift für Management, Ausgabe Juni 2012, S. 418

An dieser Stelle ist darauf hinzuweisen, dass zwischen den Faktoren Abhängigkeiten bestehen und diese demnach nicht als isoliert betrachtet werden können. So wirken sich ein gutes Betriebsklima und regelmäßig stattfindende Mitarbeitergespräche positiv auf die Arbeitszufriedenheit aus.[128] Im nächsten Unterkapitel erfolgt die Erläuterung der zwei entscheidenden Grundmodelle der Fluktuationsforschung. Das **Modell von Simon & March** aus dem Jahre 1958 wurde gewählt, da es die Grundlage der Fluktuationsforschung bildet.[129] Des Weiteren wird auf das **Grundmodell von Mobley** eingegangen, das in den Grundzügen hinsichtlich der Arbeitszufriedenheit bzw. der Arbeitsunzufriedenheit und der Absicht eines Stellenwechsels empirisch bestätigt wird.

5.1.1 Theoretisches Grundmodell von Simon & March

Schon in der zweiten Hälfte des letzten Jahrhunderts wurden Untersuchungen zu Fluktuationsdeterminanten durchgeführt. Nach dem theoretischen Ansatz der „Anreiz-Beitrags-Theorie" aus dem Jahre 1958 von „Barnard, Simon und March“ stellt sich bei den Mitarbeitern Zufriedenheit ein, wenn der **empfangene Beitragsnutzen** (materielle oder immaterielle Anreize) des eingesetzten Anreizsystems höher oder zumindest gleich den **geleisteten Beiträgen** (Arbeitseinsatz) ist. Die Motivation der Mitarbeiter und die damit verbundene Arbeitszufriedenheit werden dadurch positiv beeinflusst, sodass die Mitarbeiter dem Unternehmen auf Dauer treu bleiben. Besteht jedoch ein Ungleichgewicht zwischen Nutzen und Beitrag, tritt Arbeitsunzufriedenheit ein, welche die zukünftige Teilnahmeentscheidung in Frage stellt.[130] Je größer der subjektive Wunsch des Mitarbeiters ist, die Stelle zu wechseln, umso höher ist die Kündigungswahrscheinlichkeit, wenn dieser Wechsel als einfach wahrgenommen wird.[131] Die empirische Basis des Ansatzes ist jedoch als schwach zu bezeichnen, da es kaum empirische Überprüfungen mit der Annahme als Ganzes gibt. Das Modell stellt dennoch eine Grundlage der Fluktuationsforschung dar.[132]

---

[128] Vgl. Krill, Malte (2012): Mitarbeiterbindung als Umkehrung der Fluktuation: Implikationen der Fluktuationsdeterminantenforschung, Zeitschrift für Management, Ausgabe Juni 2012, S. 419

[129] Vgl. Baillod, Jürg (1992): Fluktuation bei Computerfachleuten, Eine Längsschnittuntersuchung über die Beziehung zwischen Arbeitssituation und Berufsverläufen, Bern, S. 48

[130] Vgl. Staehle, Wolfgang, Herbert (1999, S. 431ff.

[131] Vgl. Neuhaus, Astrid (2010), S. 73

[132] Vgl. Baillod, Jürg (1992): Fluktuation bei Computerfachleuten, Eine Längsschnittuntersuchung über die Beziehung zwischen Arbeitssituation und Berufsverläufen, Bern, S. 48-51

Externes Anreiz-Beitrags-Gleichgewicht des Unternehmens

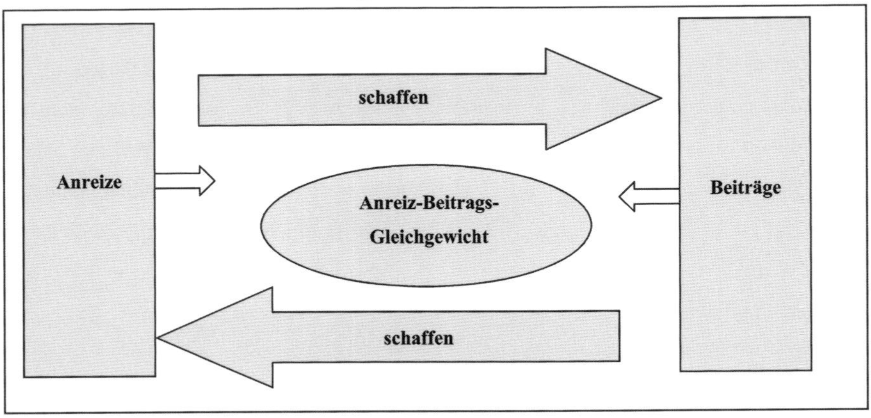

Abbildung 13: Externes Anreiz-Beitrags-Gleichgewicht des Unternehmens
Quelle: eigene Darstellung in Anlehnung an Chalupa, Martina [2007], S. 36

5.1.2 Theoretisches Grundmodell nach Mobley

Das Modell von Mobley stellt eine Verbindung zwischen der **Arbeitszufriedenheit** und dem **Fluktuationsverhalten** her. Der Fluktuationsprozess der verschiedenen Verbindungsmitglieder stellt im „intermediate linkages"-Ansatz den wichtigsten Meilenstein zur Beschreibung von Fluktuation als Prozess dar. Die Arbeitsunzufriedenheit wirkt sich dabei nicht direkt auf die Fluktuation aus, sondern löst zunächst einen Gedanken der Arbeitsunzufriedenheit aus. Im nächsten Schritt entsteht der Gedanke, die **Stelle zu wechseln** und eine neue Stelle zu suchen. Dabei werden der Nutzen der Suche sowie die daraus resultierenden Kosten gegeneinander abgewogen. [133] Das Rahmenmodell wurde von Michaels und Spector im Jahr 1982 dahingehend überarbeitet, dass die **Kündigungsabsicht** und eine hohe **Fluktuationswahrscheinlichkeit** sehr wahrscheinlich ist, sobald der Mitarbeiter eine für ihn adäquate Stelle gefunden hat. Das Pfadmodell von Mobley aus dem Jahre 1979 wurde daher nochmals präzisiert.[134]

[133] Vgl. Krill, Malte (2012): Mitarbeiterbindung als Umkehrung von Fluktuation: Implikationen der Fluktuationsdeterminantenforschung, Zeitschrift für Management, Ausgabe Juni 2012, S. 406
[134] Vgl. Neuhaus, Astrid (2010), S. 75

Das Modell wurde bewusst herangezogen, da es die Basis für eine Vielzahl von empirischen Studien bildet und von den Autoren in seinen Grundzügen im Gegensatz zu anderen Modellen bestätigt wurde.[135] So konnten mittels einer Regressionsanalyse Korrelationen zwischen der Zufriedenheit und der Absicht, eine Stelle zu suchen, gefunden werden. Nicht bestätigt hat sich jedoch der Zusammenhang zwischen Arbeitszufriedenheit und Fluktuationsabsicht.[136] Des Weiteren konnte nicht bestätigt werden, wie sich die Such- und Wechselabsicht auf die Fluktuationsabsicht und damit verbunden auf das Fluktuationsverhalten auswirken.[137] Die Bindung bzw. das Commitment wird allerdings noch von weiteren Faktoren beeinflusst. Mitarbeiter werden sich eher gegen einen Stellenwechsel entscheiden, wenn sie sich mit den Werten und Zielen sowie dem Wunsch der Organisation identifizieren können. Dies bedeutet, dass die Einstellung und das Verhalten der Mitarbeiter dafür ausschlaggebend sind, dass sie der Organisation treu bleiben. Diese organisatorische Bindung bezeichnet man als **Organisations-Commitment,** das durch Aspekte der **affektiven Verbundenheit** bestimmt wird: Commitment, Loyalität und Arbeitszufriedenheit. Ein weiteres Indiz für Commitment ist, wenn ein Mitarbeiter eine besser dotierte Stelle angeboten bekommt und diese ablehnt. Auch **Verhaltensweisen aus der Vergangenheit** z. B. der Aufbau von sozialen Kontakten über einen langen Zeitraum, haben einen entscheidenden Einfluss, sich gegen einen Stellenwechsel zu entscheiden.[138] Im nächsten Unterkapitel werden die Einflussfaktoren auf das Commitment dargestellt. Dabei werden die Ergebnisse einer Studie über den Einsatz der Instrumente und deren Wirkung auf Basis der altersgemischten Belegschaft dargestellt.

5.2 Einflussfaktoren auf die MA-Bindung

Eine **empirische Studie HR-Report** aus dem **Jahre 2012/2013 -** an der 714 befragte Unternehmen teilnahmen - belegt, dass zur Steigerung der MA-Bindung unterschiedliche Mitarbeiterbindungsinstrumente auf Basis einer altersgemischten Belegschaft eingesetzt werden müssen.

---

[135] Vgl. Krill, Malte (2012): Mitarbeiterbindung als Umkehrung von Fluktuation: Implikationen der Fluktuationsdeterminantenforschung, Zeitschrift für Management, Ausgabe Juni 2012, S. 406

[136] Vgl. Baillod, Jürg (1992): Fluktuation bei Computerfachleuten, Eine Längsschnittuntersuchung über die Beziehung zwischen Arbeitssituation und Berufsverläufen, Bern, S. 71

[137] Vgl. Neuhaus, Astrid (2010), S. 78

[138] Vgl. Chalupa, Martina (2010), S. 56

Bei der jüngeren Generation tragen Förder- und Entwicklungsprogramme, gute Karriereperspektiven sowie die Vereinbarkeit von Familie und Beruf zur MA-Bindung bei. Die ältere Generation legt dagegen mehr Wert auf Gesundheitsprogramme. Zur besseren Vereinbarkeit von Familie und Beruf haben flexible Arbeitszeiten sowie die Sozialbetreuung eine große Bindewirkung auf Frauen.[139] Aus der Perspektive der Unternehmen erscheinen die nachfolgend aufgeführten Anreizsysteme zur MA-Bindung am wichtigsten: **ein gutes Betriebsklima, eine marktgerechte Entlohnung, die Reputation des Arbeitgebers sowie flexible Arbeitszeitmodelle**. Alle Instrumente haben - mit Ausnahme der Sozialbetreuung - gegenüber dem vergangenen Jahr an Bedeutung zugenommen. Erstmalig wurde im Jahr 2012 das Item „Möglichkeiten für ein Sabbatical/Sabbatjahr" abgefragt. Die nachfolgende Abbildung zeigt die Instrumente.[140]

Welche der folgenden Instrumente sind Ihrer Meinung nach besonders geeignet, um Mitarbeiter an das Unternehmen zu binden?

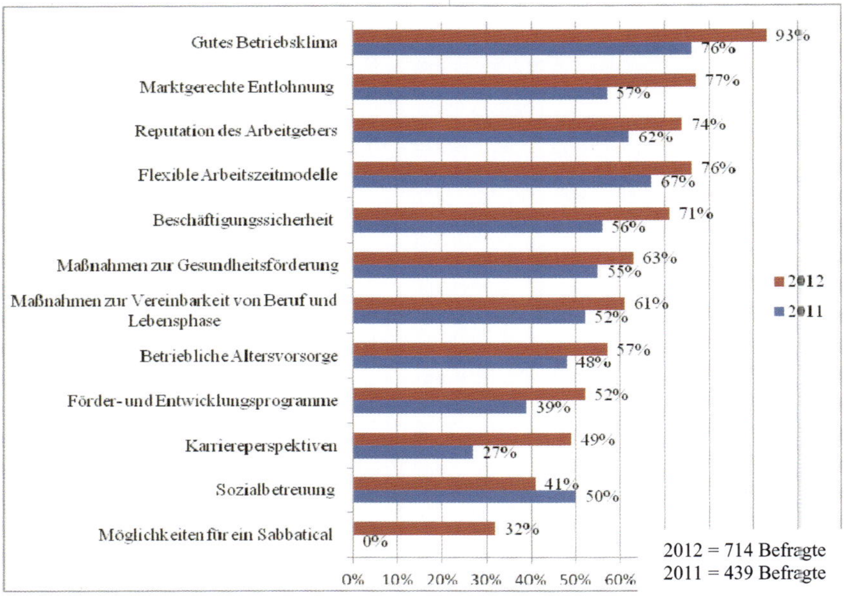

Abbildung 14: Instrumente der MA-Bindung
Quelle: in Anlehnung an Breitschopf, Klaus / Rump, Jutta [2011/2012], S. 21

[139] Vgl. Breitschopf, Klaus /Rump, Jutta (2012), S. 21
[140] ebd., S. 21

Wie aus der Studie abgeleitet werden kann, beeinflussen verschiedene Anreizinstrumente die Bindung an das Unternehmen. Dabei sind die Vorgesetzten in Ausübung ihres Führungsverhaltens genauso gefordert wie die Mitarbeiter, die Bindung durch ihr unmittelbares Verhalten positiv zu beeinflussen.[141] Das nächste Unterkapitel beschäftigt sich mit Retention-Managementmaßnahmen, um das Commitment zu erhöhen.

5.3 Retention-Management-Maßnahmen

Das Retention-Management gewinnt für das Finden und Binden der Mitarbeiter zunehmend an Bedeutung, um die geplante Fluktuation und die hieraus resultierenden Kosten der Wiederbesetzung der Stelle zu senken.[142] Es umfasst demnach die Summe aller Maßnahmen des Unternehmens die das Ziel haben, eine bestmögliche MA-Bindung an das Unternehmen zu erreichen.[143] Als personalwirtschaftliche Maßnahme zur Reduktion der Fluktuation bietet sich eine Vorgehensweise an, die aus vier Schritten besteht: Analyse, Konzeption, Implementierung und Evaluation. Im Rahmen der **Analyse** wird das Fluktuationsausmaß anhand der Fluktuationsquote ermittelt und im nächsten Schritt beurteilt, ob Handlungsbedarf besteht.[144] Das zuvor geführte Austrittsgespräch oder der ausgefüllte Austrittsfragebogen ist hilfreich, die Fluktuationsursachen retrospektiv zu ermitteln.[145] Aufbauend auf der Analyse erfolgt im nächsten Schritt die **Konzeption**. In dieser Phase werden die Zielgruppen mit den entsprechenden Maßnahmen und die angestrebte Retention-Quote festgelegt. Das bedeutet, dass für bestimmte Zielgruppen z. B. Fachkräfte und War for Talents, die ein hohes bzw. wertvolles Humankapital besitzen, das nicht imitierbar oder substituierbar ist, entsprechende Retention-Management-Konzepte und Bindungsmaßnahmen festgelegt werden.[146] Hierbei muss sich mit der Frage beschäftigt werden, welche Maßnahmen am geeignetsten sind und welche Strategien sich in der Praxis möglichst einfach umsetzen lassen, um eine hohe Bindungswirkung und eine niedrige Fluktuationsquote zu erreichen.

---

[141] Vgl. Meifert, Matthias (2008), S. 285
[142] Vgl. Huf, Stefan (2012): Fachbeiträge aus Forschung & Wissenschaft: Ausgabe Personalführung 3/2012, S. 34
[143] Vgl. Herleth, Tatjana (2008), S. 4
[144] Vgl. Huf, Stefan (2012): Fachbeiträge aus Forschung & Wissenschaft: Ausgabe Personalführung 3/2012, S. 34
[145] Vgl. Kolb, Meinulf/Burkart, Brigitte/Zundel, Frank (2010), S. 172
[146] Vgl. Huf, Stefan (2012): Fachbeiträge aus Forschung & Wissenschaft: Ausgabe Personalführung 3/2012, S. 34

Je besser das Unternehmen seine Mitarbeiter kennt und versteht, umso effektiver lassen sich die geplanten Maßnahmen im nächsten Schritt umsetzen.[147] Die **Implementierung** befasst sich mit der Einbettungstheorie der Fluktuation on-the-job und off-the-job. Sie setzt sich z. B. on-the-job mit der Erhöhung der Arbeitsinhalte und der Verbesserung der Arbeitsbedingungen und mit zukünftigen Karriereperspektiven auseinander. Ebenso wird die Qualität der beruflichen Beziehung durch die Beziehung zwischen Vorgesetztem und Mitarbeiter sowie durch Paten- oder Mentoren-Systeme beeinflusst. Auch die private Unterstützung off-the-job durch Nutzung gemeinschaftlicher Sport- und Musikgruppen hat einen Einfluss auf die berufliche Qualität. Die letzte Phase, die **Evaluation**, setzt sich mit der Erfolgskontrolle des Retention-Managements auseinander. Hierbei wird betrachtet, ob die Maßnahmen zum Erreichen des Ziels effektiv sind und ob der aufzuwendende Kosten- und Nutzenaufwand effizient ist.[148] Dabei wird sich mit der Frage auseinandergesetzt: Welche Einsparungen lassen sich mit dem Einsatz von Retention-Management-Maßnahmen im Hinblick auf die Produktivität unter Einbeziehung der Stakeholder und sonstigen Geschäftsbeziehungen im Unternehmen erzielen?[149] Bei der Durchführung einer deutschlandweiten Studie, an der 200 Unternehmen teilnahmen und eine Rücklauflaufquote von 67 Unternehmen verzeichnet wurden, was einem Anteil von ca. 30 Prozent entspricht, ergab sich, dass nur 20 Prozent ein Budget für ein Retention-Management planen bzw. besitzen. Die Hälfte aller Unternehmen hat jedoch zumindest ein Retention-Management-Programm.[150]

5.4 Anreize

Um die Mitarbeiter im Unternehmen halten zu können, ist es wichtig, ihnen verschiedene Anreize zu bieten.[151] D. h. das Interesse der Mitarbeiter soll geweckt werden, motiviert etwas zur Entwicklung des Unternehmens beizutragen. Anreizsysteme sind Werkzeuge, um die Motivation bei den Mitarbeitern zu fördern bzw. auszulösen.[152]

---

[147] Vgl. Wucknitz, Uwe, D./Heyse, Volker (2008), S. 27
[148] Vgl. Huf, Stefan (2012): Fachbeiträge aus Forschung & Wissenschaft: Ausgabe Personalführung 3/2012, S. 36
[149] Vgl. Wucknitz, Uwe, D./Heyse, Volker (2008), S. 119
[150] Vgl. Kienbaum Consultants International GmbH, Kienbaum Retention-Studie 2001, URL: http://www4.kienbaum.de/shopweb/printview.aspx?product=62, Abruf am 26.05.2013
[151] Vgl. Arlinghaus, Olaf/Eickmeier, Kerstin (2007), S. 172
[152] Vgl. ebd., S. 172

Sie stellen in Unternehmen ein wichtiges Bindungsinstrument für die Mitarbeiter dar und sollen diesen zeigen, dass sie ein wichtiger Bestandteil des Unternehmens sind, der fest verankert ist. Diese sollten so ausgerichtet sein, dass sie langfristig wirksam sind und individuell auf die Bedürfnisse der Mitarbeiter zugeschnitten werden, so dass der Gedanke an einen Arbeitsplatzwechsel erst gar nicht entsteht.[153] Die Mitarbeiter sollen hierdurch direkt und indirekt motiviert werden, die gesetzten Unternehmensziele zu erreichen.[154] Anreizsysteme beeinflussen die Arbeitgeberattraktivität und die Bindung an das Unternehmen.[155] Dabei unterscheidet man materielle und immaterielle Anreize.

5.4.1 Materielle Anreize

Materielle Anreize, die in **monetär** und **nicht monetär** unterschieden werden, beinhalten eine Geldzuwendung bzw. Sozialleistungen. Zu den monetären Anreizen zählen beispielsweise **fixer oder variabler Lohn oder Erfolgs- und Kapitalbeteiligungen** etc. Gerade für Unternehmen mit kleiner bis mittlerer Betriebsgröße, die eine eingeschränkte Ressourcenkapazität aufweisen, können ergebnisabhängige Lohnformen die Wettbewerbsfähigkeit und somit die Arbeitgeberattraktivität steigern.[156] Die Vergütung ist ein wichtiger Bestandteil zur Sicherung des Lebensstandards und sollte in einem angemessenen Verhältnis zur Leistung des Mitarbeiters stehen. Das Gehalt ist außerdem ein wichtiges Status- und Anerkennungssymbol und eine berufliche Bestätigung des Erfolgs.[157] Empfindet der Mitarbeiter das Gehalt nicht als angemessen für seine Leistung, entsteht Arbeitsunzufriedenheit, die den Gedanken auslösen kann, die Stelle zu wechseln.[158] **Nicht monetäre** Anreize werden beispielsweise in Form von **Sozial- und Dienstleistungen** gewährt und bieten für die Mitarbeiter eine zusätzliche Sicherheit.[159] Zusatzversicherungen, Pensionspläne, Kantine oder ein vorhandener Werkskindergarten sind Faktoren, die ausschlaggebend sein können, dass sich ein Mitarbeiter für oder gegen ein Unternehmen entscheidet.[160]

---

[153] Vgl. Arlinghaus, Olaf/Eickmeier, Kerstin (2007), S. 172
[154] Vgl. Loffing, Dina/Loffing, Christian (2010): Mitarbeiterbindung ist lernbar, Essen, S. 156.
[155] Vgl. Kolb, Meinulf/Burkart, Brigitte/Zundel, Frank (2010), S. 402
[156] Vgl. Hack, Andreas (2011), S. 13.
[157] Vgl. Chalupa, Martina (2007), S. 38
[158] Vgl. Neuhaus, Astrid (2010), S. 73
[159] Vgl. Szebel-Habig, Astrid (2004), S. 89
[160] Vgl. Chalupa, Martina (2007), S. 37

5.4.2 Immaterielle Anreize

Immaterielle Anreize beinhalten keine Geldzuwendung. Sie stellen gerade für Unternehmen mit kleiner und mittlerer Größe, die nur über ein begrenztes Budget verfügen und flache Hierarchien aufweisen, eine innovative Möglichkeit zur MA-Bindung dar. Der Kreativität sind dabei keine Grenzen gesetzt. Die Inhalte zur Bindung von Fachkräften könnten beispielsweise herausfordernde, interessante und abwechslungsreiche Aufgaben oder freie Hand bei der Strukturierung der Arbeit sein.[161] Eine interessante und abwechslungsreiche Aufgabe führt dazu, dass der Mitarbeiter sich weiterentwickeln kann und eher bereit ist, eine besonders gute Leistung zu bringen.[162] Von großer Bedeutung ist dieser Faktor bei Unternehmen, die nur einen geringen Gestaltungsspielraum besitzen und starre Stellen- und Positionsbeschreibungen aufweisen. Weiterentwicklungsmaßnahmen in Form von Aus- und Weiterbildungsprogramme sowie Laufbahnplanungen, Mentoring- und Coaching nehmen ebenso aus Sicht der Mitarbeiter einen wichtigen Platz ein.[163] Auch die Generation Y fordert hier ein nachhaltige Weiter- und Personalentwicklung.[164] Weitere Faktoren können z. B. ein gutes Betriebsklima, die Anerkennung der eigenen Persönlichkeit und Arbeitsleistung sowie die Mitbestimmung bzw. Partizipation sein, Die Übertragung einer verantwortungsvollen Aufgabe, eine ausgewogene Work-Life-Balance und ein vorhandenes Gesundheitsmanagement tragen ebenfalls zur Sicherung der Zufriedenheit und Leistung der Mitarbeiter bei.[165]

5.5 Entwicklung eines ganzheitliches Konzept

Als Nächstes wird sich nunmehr mit der Entwicklung verschiedener Konzepte befasst, um dem demographischen Wandel entgegenzuwirken und die Mitarbeiter gezielt an das Unternehmen zu binden. Folgende Konzepte werden betrachtet: Wissensmanagement, Kompetenzmanagement sowie Corporate Social Responsibility - nachfolgend CSR genannt-, welche den Fokus auf die soziale Verantwortung ausrichten.

[161] Vgl. Szebel-Habig, Astrid (2004), S. 89.
[162] Vgl. Chalupa, Martina (2007), S. 39
[163] Vgl. ebd., S. 41
[164] Vgl. Deutsche Gesellschaft für Personalführung (2011), S. 37
[165] Vgl. Szebel-Habig, Astrid (2004), S. 89.

5.5.1 Wissens-Management-Konzepte

Das Ausscheiden der geburtenstarken Jahrgänge führt in den kommenden Jahren dazu, dass sowohl personengebundene Kenntnisse, Fähigkeiten und Erfahrungen - also implizites Wissen - als auch das noch nicht dokumentierte, explizite Wissen der Fachkräfte aus dem Unternehmen verschwindet. Strategisch aufeinander abgestimmte Wissensmanagement-Konzepte die das implizite und explizite Wissen berücksichtigen, nehmen in großen wie auch in kleinen und mittleren Unternehmen - nachfolgend KMU genannt - eine immer wichtigere Position zur Unternehmenssicherung und MA-Bindung ein. Das SECI-Modell bzw. die Wissensspirale nach Nonaka & Takeuchi (1997) besitzt jedoch die Schwäche, dass beim Wissenserwerb nur implizites Wissen berücksichtigt wird, das dann in explizites Wissen transferiert wird. D. h. die Übernahme von explizitem Wissen bleibt unberücksichtigt. Des Weiteren hält es an stark festgefahrenen Organisationsstrukturen fest. Das Genfer-Wissensmanagement-Modell nach Probst, Raub und Romhardt (1997) und das Berliner-Modell nach Reinmann-Rothmeier und Mandl (1995) berücksichtigt neben dem impliziten Wissen auch das explizite und setzt sich aus einzelnen Bausteinen zusammen. Allerdings kann ein messbarer Erfolg für das Unternehmen nur dann erreicht werden, wenn die Mitarbeiter zum Mitmachen motiviert sind, da sich das Wissen nicht im Unternehmen selbst, sondern in dessen Köpfen befindet.[166] Laut einem Zitat von Henry Ford hängt der Erfolg davon ab, dass man immer genau das Wissen hat, das im Moment gefragt ist.[167] Für die Wissensnutzung zum Gewinnen der Wissensinhalte sind geeignete Instrumente, z. B. Intranet, Schwarzes Brett, Diskussionsforum, Wikis und Mentoring etc., einzusetzen.[168] Allerdings ist hier zu beachten, dass diese Wissensmanagement-Werkzeuge aufeinander abgestimmt sein müssen, so dass keine unnötigen Kosten entstehen.[169]

Das transparente Wissen, das über Wissensdatenbanksysteme abrufbar ist, kann unter den Mitarbeitern geteilt und transferiert werden, so dass alle Mitarbeiter, ob am Hauptstandort oder in den Niederlassungen zu jeder Zeit auf die benötigten Informationen zugreifen können.

---

166 Vgl. Kluge, Jürgen (2002), S. 40
167 Vgl. Schulz, Erik (2007), S. 11
168 Vgl. Schork, Carsten (2011), S. 38
169 ebd. S. 131

Laut einer aktuellen **repräsentativen Unternehmensbefragung** der Forschungsstelle Organisationale Kompetenz und Strategie - nachfolgend FOKUS genannt - nimmt im Unternehmen zur Wissensbewahrung die **gezielte Bindung von Mitarbeitern mit 52 Prozent** und die **Nutzung von elektronischen Datenbanken in Unternehmen mit 51 Prozent** einen beachtlich hohen Stellenwert ein. Verbesserungsbedürftig ist jedoch die Aufbereitung und Dokumentation von Expertenwissen, die gerade einmal 30 Prozent sowie Mentoring d. h. die Weitergabe von Erfahrungswissen ausscheidender Mitarbeiter an Nachfolger, das 24 Prozent einnimmt, siehe nachfolgende Abbildung:[170]

Maßnahmen zur Wissensbewahrung

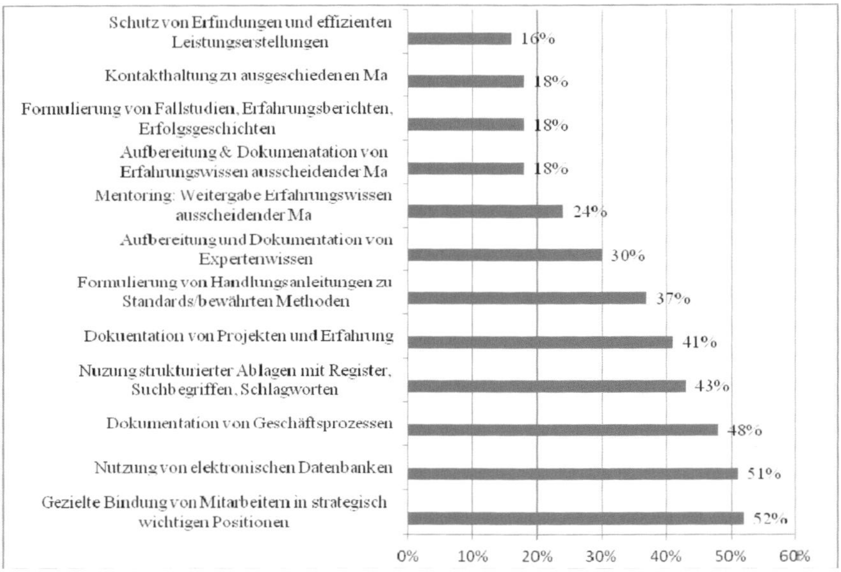

Abbildung 15: Maßnahmen zur Wissensbewahrung mit hohem Stellwert
Quelle: eigene Darstellung in Anlehnung an Pawlowsky, Peter/ Gözalan, Aylin/Schmid, Simone, [2011], S. 6

Ein funktionierendes Wissensmanagement-System lebt von den Mitarbeitern und wird von einer positiven Unternehmenskultur gestärkt.[171] Anreizsysteme in materieller oder

[170] Vgl. Pawlowsky, Peter/Gözalan, Aylin/Schmid, Simone (2011): Forschungsstelle Organisationale Kompetenz und Strategie (FOKUS),Wettbewerbsfaktor Wissen, Ausgabe 08/11, S. 6
[171] Vgl. Schork, Carsten (2011), S. 131

immaterieller Form können nützlich sein, die Motivation der Mitarbeiter zu fördern, ihr fachliches Wissen und Können dem Unternehmen zur Verfügung zu stellen.[172]

Wissensmanagement-Systeme führen dazu, dass von einzelnen Mitarbeitern gehortete Wissensinseln abgebaut werden und dass durch den permanenten Wissenstausch und die Wissensteilung die Mitarbeiter zusammengeführt werden.[173] Die informelle Kommunikation an allen Standorten ermöglicht, dass die Wissenskultur in allen Bereichen positiv gepflegt wird und sich die Unternehmensziele durch Nutzung einer Wissenskette erreichen lassen. Spezielle Mitarbeiter-Förderprogramme in Form von "Communities of Practice" oder „Learning Communities" fördern überdurchschnittliche Potentiale der Mitarbeiter, wodurch die Motivation sowie das Zusammengehörigkeitsgefühl gesteigert werden kann. Voraussetzung hierfür ist, dass der Teilnehmerkreis überschaubar ist.[174] Das Wissen kann auf diese Weise gespeichert und verteilt werden und motiviert zum Wissensaustauch und Lernen und fördert zudem die Unternehmenskultur. Des Weiteren werden eine starke Identität, d. h. das „Wir-Gefühl" gestärkt, ebenso werden verbesserte fachliche Transferstrukturen trotz räumlicher Distanzen geschaffen.[175] Allerdings ist auch zu erwähnen, dass gerade im Bereich „Vor-Ort-Service" in dem die Mitarbeiter unabhängig voneinander arbeiten, die auftretenden Probleme auf unterschiedliche Weise gelöst werden und es somit zu einem Vermittlungsproblem der Unternehmenskultur kommt. D. h. bei einer dezentralen Aufstellung kann entweder das zentral gespeicherte Wissen nicht abgerufen werden oder die Mitarbeiter kennen untereinander nicht den Wissensstand ihrer Kollegen. Derartige Mitarbeiter sind besser in die Unternehmenskultur einzubeziehen, da sie ein hohes Leistungspotenzial und Erfahrungs- und Fachwissen besitzen. Die Integrationsproblematik dieser Mitarbeiter kann durch eine bessere und gut verfügbare IT-Anbindung z. B. durch Notebooks oder Mobilfunknetze gelöst werden.[176] Die nachfolgende Tabelle zeigt zur strategischen Planung eine Strengths, Weaknesses, Opportunities, Threats Analyse - nachfolgend SWOT-Analyse genannt - zum Einsatz von Wissensmanagement-Konzepten.[177]

---

172 Vgl. Gerhards, Sandra/Trauner, Bettina (2010), S. 63
173 Vgl. Schulz, Erik (2007), S. 131
174 Vgl. Schork, Carsten (2011), S. 130
175 Vgl. Gerhars, Sandra (2010), S. 69
176 Vgl. Schork, Carsten (2011), S. 130
177 Vgl. Pawlowsky, Peter/Gözalan, Aylin/Schmid, Simone (2011): Forschungsstelle Organisationale Kompetenz und Strategie (FOKUS),Wettbewerbsfaktor Wissen, Ausgabe 08/11, S. 13 ff.

Stärken	**Schwächen**
Sichern des Fachwissens	Skepsis der Mitarbeiter gegenüber neuer Technik
Abbau von Wissensinseln	Misstrauen durch Offenlegung von Arbeitsabläufen
Lernen im Team	Mehrarbeit durch zusätzliche Aufgaben
Stärkung des „Wir-Gefühls“	Erhöhter Zeitaufwand
Bindung der Mitarbeiter	
Wissenstransparenz	
Förderung der Wissenskultur	
Steigerung der Mitarbeitermotivation	
Chancen	**Risiken**
Wettbewerbsvorteile - Kundenstrategie - HRM-Strategie - Innovationsstrategie - Kostenstrategie	Personalknappheit
Ausbau von Netzwerken	Alternde Belegschaft
Steigerung der Leistungsfähigkeit	Demographischer Wandel

Tabelle 5: SWOT-Analyse zum Wissens-Management
Quelle: eigene Darstellung in Anlehnung an Pawlowsky, Peter/Gözalan, Aylin/Schmid, Simone [2011], S. 13 ff.[178]

Ob das Wissensmanagement-Konzept letztlich den gewünschten Erfolg erzielt, kann mit quantitativen Methoden in Form der Kosten-Nutzen-Analyse oder durch Leassons-Learned-Datenbanken ermittelt und bewertet werden.[179]

[178] Vgl. Pawlowsky, Peter/Gözalan, Aylin/Schmid, Simone (2011), Ausgabe 08/11, S. 13 ff
[179] Vgl. Schork, Carsten (2011), S. 127

5.5.2 Kompetenz-Management-Konzepte

Systematische **Kompetenz-Management-Konzepte** tragen dazu bei, die vorhandenen Potenziale der Mitarbeiter entsprechend den Vorstellungen und Unternehmenszielen zu qualifizieren.[180] Eine Herausforderung dieser Konzepte besteht darin, verschiedene Zielgruppen mit unterschiedlichsten Anforderungen zu berücksichtigen und aufeinander abzustimmen. Die festgelegten Kompetenzen gelten dabei für alle Mitarbeiter und stellen eine handlungsorientierte Beschreibung dar. Dabei spielt gerade in einer alternden Belegschaft das Messen zur Einschätzung der Kompetenzen eine entscheidende Rolle für die Mitarbeiterentwicklung.[181] **Learning-Management-Konzepte** helfen, die Lücke zwischen den Kompetenzen, die das Talent besitzen müsste (SOLL-Zustand), und die Kompetenzen, die es zum jetzigen Zeitpunkt besitzt (IST-Zustand) - die durch ein zuvor geführtes Beurteilungs- oder Mitarbeitergespräch ermittelt werden - zu schließen.[182] Formale Entwicklungsprogramme wie Weiterbildungsveranstaltungen und Seminare sind dabei nicht mehr im Trend.[183] Das informelle Lernen gewinnt dagegen zunehmend an Bedeutung. Hier bieten sich Kooperationsstrategien in Form von Trainee-Programmen, Cross-Mentoring, Personalaustausch, Corporate University oder unternehmensübergreifende Projekte an.[184]

Die Zusammenarbeit mit den Kooperationspartnern trägt zur fachlichen, methodischen und sozialen Kompetenz bei. Unterschiedliche Unternehmenskulturen, die Partizipation und der explizite Kommunikations- und Wissensaustausch stärken die Kooperation und Eigeninitiative und führen dazu, dass Konflikte effektiver gelöst und Ziele schneller erreicht werden.[185] Infolge der Zusammenarbeit bietet sich aus Unternehmenssicht der Vorteil, dass die Effizienz, d. h. die wirtschaftlichen Kosten und der organisatorische Aufwand geringer ausfallen. Durch die Aufteilung auf mehrere Partner kann die Corporate University - mehrere Unternehmen betreiben die Weiterbildung gemeinsam - überhaupt erst ermöglicht werden.

[180] Vgl. Enaux, Claudius/Henrich, Fabian (2011), S. 23
[181] Vgl. Brandenburg, Uwe/Domschke, Jörg-Peter (2007), S. 148
[182] Vgl. Enaux, Claudius/Henrich, Fabian (2011), S. 23
[183] Vgl. Brandenburg, Uwe/Domschke, Jörg-Peter (2007), S. 152
[184] Vgl. Wucknitz, Uwe, D./Heyse, Volker (2008), S. 83
[185] Vgl. Nesemann, Kerstin (2012), S. 117

Die Gefahr der Abwanderung gerader junger Talente besteht zwar, kann aber durch die Übernahme durch andere Unternehmenspartner kompensiert werden. Durch die Zunahme von Kompetenzen und eine erhöhte Abwechslung kann jedoch bei jungen Talenten, die die Abwechslung suchen, wiederum die Neigung zur Abwanderung gesenkt werden.[186] Zu beachten ist, dass die Talente nach der Beendigung der Trainee-Programme auf die richtige Position gesetzt werden, d. h. dass das Karrieremanagement beachtet wird. Gerade in Zeiten des Fachkräftemangels ist es ratsam, auch Perspektiven außerhalb von Führungslaufbahnen aufzuzeigen. [187] Als Karriereleiter bietet sich neben der Managementkarriere die Fachkarriere an, zumal nicht jeder gute Fachexperte zwangsläufig auch eine gute Führungskraft im Unternehmen ist. Zu beachten ist, dass die leistungsstarken Talente entsprechend ihrer Leistung zu honorieren sind. Anreize und Entwicklungsmöglichkeiten sind aufzuzeigen, um die Abwanderung bzw. Fluktuation zu vermeiden bzw. möglichst gering zu halten.

Hier bieten sich zum Erreichen der quantitativen Ziele entsprechende Zielvereinbarungssysteme auf der Grundlage des **Performance Management-Systems** an. Talentierte Mitarbeiter bzw. deren Humankapital sind entsprechend ihrer Performance, d. h. ihrer Leistungen und Kompetenzen zu fördern. Dabei sind auch die Talente der älteren Mitarbeiter zu berücksichtigen.[188] In großen Unternehmen bietet sich aufgrund der Betriebsgröße das Bilden eines Talent-Pools an, der die unterschiedlichen Jobgruppen und Karrierewege aufzeigt, die für ein Talent-Management-Programm in Frage kommen. KMU stehen weniger finanzielle Mittel als großen Unternehmen zur Verfügung. Ebenso fehlen ihnen eventuell nötige spezielle Kenntnisse. Sie haben jedoch gegenüber den großen Unternehmen den Vorteil, dass sie ihre Talente aufgrund ihrer Unternehmensgröße auf einer persönlichen Basis managen können.[189] Die Vergütung bei Erreichen der Zielvereinbarung kann dabei in monetärer oder nichtmonetärer Größe erfolgen. Letztlich kann man auf der Grundlage verschiedener Personalentwicklungsprozesse sagen, dass **Performance- und Karrieremanagement** zur Unternehmensbindung aus Sicht der Mitarbeiter beitragen und Fluktuationen verhindern kann.[190]

---

[186] Vgl. Wucknitz, Uwe, D./Heyse, Volker (2008), S. 83
[187] Vgl. Enaux, Claudius/Henrich, Fabian (2011), S. 141
[188] Vgl. Brandenburg, Uwe/Domschke, Jörg-Peter (2007), S. 148
[189] Vgl. Lackner, Maximilian (2012), S. 163
[190] Vgl. Enaux, Claudius/Henrich, Fabian (2011), S. 141

Eine aktuelle **Studie, von Ernst & Young** zeigt, dass gerade im Mittelstand die Kooperation mit anderen Unternehmen oder Partnern in einem Netzwerk nur 25 Prozent beträgt, so dass hier noch vor allem in der Personalentwicklung Handlungsbedarf besteht. Der Schwerpunkt dabei liegt bei anderen Unternehmen, öffentlichen Einrichtungen und Hochschulen. Firmennetzwerke werden ebenso vernachlässigt.[191] Die nachfolgende Tabelle zeigt eine SWOT-Analyse beim Einsatz von Kompetenz-Management-Konzepten:

Stärken	**Schwächen**
Langfristige Bindung von Potenzial- und Leistungsträgern	Koordinations- und Mehraufwand für Führungskräfte und Personalentwicklung
Kontinuierliche Weiterentwicklung der Kompetenzen der Mitarbeiter	Lückenhaftes Kompetenz-Management-Konzept
Unternehmensweit akzeptiertes Kompetenz-Modell	Erhöhter Zeitaufwand
Kostensenkung durch bedarfsorientierte Personalentwicklungsmaßnahmen	
Chancen	**Risiken**
Gesteigerte Arbeitgeberattraktivität	Abwanderung durch zunehmende Netzwerke
Motivierte und leistungsstarke Arbeitnehmer	Demographische Entwicklung
	Fachkräftemangel

Tabelle 6: SWOT-Analyse zu Kompetenz-Management
Quelle: eigene Darstellung in Anlehnung an Enaux, Claudius/Henrich, Fabian [2011], S. 65[192]

[191] Vgl. ESCP Europe: Agenda Mittelstand (2011): Talent Management im Mittelstand - mit Innovationen Strategien gegen den Fachkräftemangel, Berlin, 2011, S. 13 URL: http://www.ey.com/, Abruf am 15.06.2013
[192] Vgl. Enaux, Claudius/Henrich, Fabian (2011), S. 65

5.5.3 Corporate Social-Responsibility-Konzepte

Der Begriff Corporate Social Responsibility - nachfolgend CSR genannt - ist auch unter dem Begriff „Triple-Bottom-Line“ bekannt. [193] Zu bemängeln ist jedoch, dass es bis dato keine anerkannte Definition gibt.[194] CSR beschreibt die freiwillige Übernahme gesellschaftlicher Verantwortung und Verpflichtung, die Legitimation sowie das ethische Verhalten eines Unternehmens. Neben dem Geschäftsfeld umfasst es sämtliche Beziehungen zu allen Beteiligten, d. h. interne und externe Stakeholder werden berücksichtigt. [195] CSR-Maßnahmen, die die Nachhaltigkeit fördern, bilden **ökonomische** (Profit), **ökologische** (Umwelt) und **soziale** (Mitarbeiter) Aspekte auf der Grundlage des bekannten Triple-Bottom-Line-Konzepts.[196] 93 Prozent der großen Unternehmen unterstützen die These, dass soziale und ökologische Belange für den ökonomischen Erfolg des Unternehmens ausschlaggebend sind.[197] So konnten in zahlreichen Studien nachgewiesen werden, dass sich mit CSR Wettbewerbsvorteile erzielen lassen. CSR trägt zur Entwicklung von neuen Geschäften durch neue Produkte und/oder zur Erschließung neuer Märkte bei.[198]

Laut einem durchgeführten Forschungsprojekt und einer parallel durchgeführten Expertenbefragung aus dem Jahre 2008 bis 2010 konnten eine Verbindung von CSR und Wettbewerbsfähigkeit bestätigt werden. Jedoch hängt dies stark von den Wettbewerbsbedingungen der jeweiligen Branche ab.[199] In zahlreichen Studien, konnte nachgewiesen werden, dass CSR auf die **Mitarbeitermotivation** sowie das **Anziehen und Halten von Talenten** positive Auswirkungen erzielt, was gerade für KMU wichtig erscheint. Große Unternehmen legen hier den Fokus eher auf die Verbesserung von Image und Reputation.[200]

---

[193] Vgl. Neßler, Christian/Bartelt, Katja (2013), S. 561
[194] Vgl. Hoffmann, Marina/Maaß, Frank (2008), S. 6
[195] Vgl. Neßler, Christian/Bartelt, Katja (2013), S. 561
[196] Vgl. Kummer, Serena (2009), S. 18
[197] Vgl. Neßler, Christian/Bartelt, Katja (2013), S. 561
[198] Vgl. Loew, Thomas/Clausen, Jens (2010): Wettbewerbsvorteile durch CSR, S. 9 ff. URL http://www.4sustainability.de/Abruf am 01.07.2013
[199] Vgl. Martinuzzi, André in Schneider, Andreas/Schmidpeter, René (2012), S. 628
[200] Vgl. Loew, Thomas/Clausen, Jens (2010): Wettbewerbsvorteile durch CSR, S. 9 ff. URL http://www.4sustainability.de/Abruf am 01.07.2013

Durch eine strategische Ausrichtung wird das Eigeninteresse, d. h. das Unternehmensimage und der daraus resultierende Erfolg des Unternehmens beeinflusst. Auf der anderen Seite kann das Gemeinwohlinteresse der Gesellschaft positiv unterstützt werden. Voraussetzung hierfür ist allerdings, dass die angebotenen Maßnahmen zu dem jeweiligen Unternehmen passen. Eine überzeugende Kommunikation, Glaubwürdigkeit, Ehrlichkeit und eine langfristig ausgerichtete Strategie fördern das Gemeinwohl und sichern durch eine intelligente Verzahnung die Geschäftsinteressen, so dass CSR den Erfolg des Unternehmens bildet.[201] Ein hohes **Mitarbeiterengagement** und die dahinterstehende **Unternehmenskultur** wirken sich dabei ebenfalls positiv auf den **Unternehmenserfolg** aus.

So konnten mittels einer Korrelationsanalyse Zusammenhänge zwischen Unternehmenskultur, Mitarbeiterengagement und Unternehmenserfolg durch die befragten Manager bestätigt werden.[202] Verschiedene Studien belegen, dass Unternehmen - unabhängig von der Unternehmensgröße - ein gesteigertes Verantwortungsbewusstsein gegenüber ihren Kunden und Mitarbeitern haben. Eine Studie der BERTELSMANN-Stiftung erzielte hinsichtlich der Stakeholder folgende Gliederung - siehe hierzu nachfolgende Abbildung -:

Bedeutung der Anspruchsgruppen

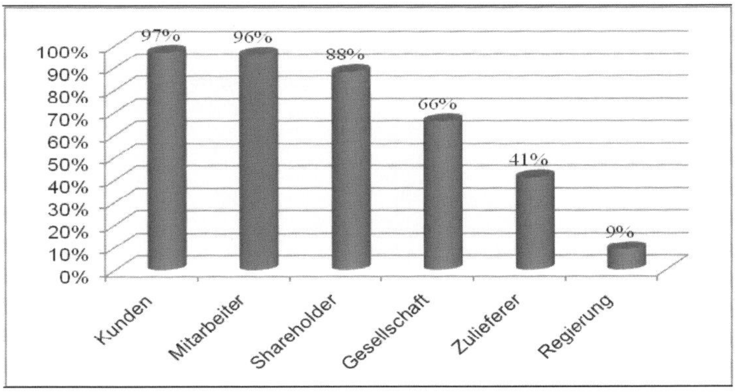

Abbildung 16: Bedeutung der Anspruchsgruppen für die Unternehmensführung
Quelle: eigene Darstellung in Anlehnung an Neßler, Christian/Bartelt, Katja [2013], S. 73

[201] Vgl. Neßler, Christian/Bartelt, Katja (2013), S. 561
[202] Vgl. Loew, Thomas/Clausen, Jens (2010): Wettbewerbsvorteile durch CSR, S. 19, URL http://www.4sustainability.de/Abruf am 01.07.2013

Die Abbildung zeigt, dass erst an dritter Position die Shareholder bzw. der Kapitalmarkt steht. Aus dieser Abbildung kann abgeleitet werden, dass der demographische Wandel die Unternehmen in der Zukunft noch mehr in die Pflicht nimmt, neben der Schaffung von Anreizen gesellschaftliches und soziales Verantwortungsbewusstsein für ihre Fachkräfte und War for Talents zu schaffen. CSR-Maßnahmen, die auf Nachhaltigkeit ausgerichtet sind, erzielen positive Bindungseffekte. Das organisatorische Commitment fördert die Verbundenheit der Mitarbeiter.

Ergebnisse verschiedener Studien belegen, dass sich Diversity Management, Anti-Diskriminierungsmaßnahmen und entsprechende Altersvorsorgeregelungen etc. unter den internen CSR-Dimensionen, dem Human-Ressource-Management, erfassen lassen.[203] Untersuchungen zeigen, dass Mitarbeiteranreize zur Leistungssteigerung beispielsweise in Form von flexiblen Arbeitszeiten, zu einer verbesserten Work-Life-Balance beitragen. Leistungsanreize bewirken Steuerungseffekte und beeinflussen das Verhalten der Mitarbeiter positiv.[204] CSR dient somit als Instrument zur MA-Bindung und wirkt sich nachhaltig auf die Reduktion der Transaktionskosten aus, was gerade von großer Bedeutung für das Halten des Humankapitals der War for Talents ist.[205] Allerdings muss an dieser Stelle erwähnt werden, dass CSR keine lebenslange Beschäftigungsgarantie gewährleistet. Das Engagement und das fortlaufend durch Qualifizierungsmaßnahmen erworbene Know-how der Mitarbeiter tragen jedoch in erheblichem Maße zum Unternehmensmehrwert bei. Das Unternehmen erhält infolge dessen einen Imagevorteil gegenüber seinen Konkurrenten.[206] Die nachfolgende Tabelle zeigt eine SWOT-Analyse zum Einsatz von CSR-Konzepten:

[203] Vgl. Neßler, Christian/Bartelt, Katja (2013), -S. 112
[204] Vgl. Maaß, Frank (2010), S. 9
[205] Vgl. Vgl. Neßler, Christian/Bartelt, Katja (2013), S. 74
[206] Vgl. Sutter, Georg Suso in Schneider, Andreas/Schmidpeter, René (2012), S. 405

Stärken	**Schwächen**
Binden von Mitarbeitern	Boykott der internen Stakeholder
Leistungsbereitschaft und Leistungssteigerung	Erhöhter Zeitaufwand
Humankapitalsicherung	Fehlende Verantwortlichkeit
Steigerung der Mitarbeitermotivation	Keine organisatorische Eingliederung
Chancen	**Risiken**
Gesteigerte Arbeitgeberattraktivität	Reputationsverlust
Abdecken des Informations- und Transparenz-Bedarfs der Stakeholder	Unattraktivität als Arbeitgeber - Gefahr der Abwanderung von Fachkräften
Langfristigkeit	Ggf. Wettbewerbsnachteile durch falsche Anwendung
Ganzheitlichkeit und Kompetenz	
Glaubwürdigkeit	
Wettbewerbsvorteil	

Tabelle 7: SWOT-Analyse zu CSR-Management
Quelle: eigene Darstellung in Anlehnung an Kummer, Serena [2009], S.108[207]

[207] Vgl. Kummer, Serena (2009), S. 108

5.6 Bewertung der Lösungsansätze

Zur Bewertung der einzelnen Konzepte werden Delphi-Studien herangezogen. Dabei sind folgende Fragen relevant: Welche Erkenntnisse können gewonnen werden? Welche Forschungsfragen bleiben eventuell unbeantwortet? Die verwertbaren Forschungsergebnisse bilden die Ausgangsbasis für die Forschungsfragen zu den einzelnen Hypothesen für die quantitative/quantitative Umfrage.

5.6.1 Delphi-Studie Wissens-Management

In einer durchgeführten Delphi-Studie aus dem **Jahre 1999/2000** - in der die ersten beiden Delphi-Runden in Form einer schriftlichen Befragung erfolgten - setzte man sich mit den drei Ebenen des Wissensmanagements auseinander: **Gesellschaft, Gruppe/Organisation und Individuum**. Des Weiteren befasste man sich mit der Informations- und Kommunikationstechnologie. Bei den gesellschaftlichen Zielen stehen bei den befragten Experten das Lernen und die Weiterbildung an erster Stelle. Das Wissensmanagement ist in den Organisationen trotz verschiedener Potenziale von Informationstechnologien in Form z. B. der Vernetzung von Arbeitsplätzen oder Informationssystemen noch nicht optimal ausgeschöpft und somit in der Zukunft ausbaufähig. Allerdings ist man sich darüber einig, dass Informationssysteme und Technik zwar notwendig sind, diese jedoch die Organisation und das menschliche Individuum nicht ersetzen können. Letztendlich kann man sagen, dass aufgrund steigender Informations- und Wissensfluten die nachfolgenden Fähigkeiten, die sich auf das persönliche Wissensmanagement beziehen, zunehmend an Bedeutung gewinnen. Die einströmende Informations- und Wissensflut ist dabei kritisch zu betrachten und zu bewerten. Dabei üben die Kommunikations- und Lernbereitschaft sowie die Fähigkeit, Wissen zu verteilen und Fragen zu stellen, einen großen Einfluss aus. Diese Faktoren werden jedoch meist eher vernachlässigt. Die dritte Delphi-Runde erfolgte im Rahmen eines Workshops. Das Expertengespräch mit den Delphi-Teilnehmern kommt zu dem Ergebnis, dass für die Aufgabenbewältigung disziplinübergreifende Fähigkeiten und Fertigkeiten erforderlich sind, um die individuellen, aber auch die organisatorischen Aufgaben bewältigen zu können.[208]

---

[208] Vgl. Mandl, Heinz/Reinmann-Rothmeier, Gabi (2000), S. 9 ff.

Als Fazit aus dieser Delphi-Studie kann abgeleitet werden, dass Lernen und berufliche Weiterbildung sowohl in der Organisation, als auch auf individueller Basis für ein erfolgreiches Wissensmanagement notwendig ist und gefördert werden muss.[209] Allerdings ist an dieser Stelle zu erwähnen, dass Wissen schwer messbar ist, da es sich um eine qualitative Größe handelt. So müssen z. B. soziale Netzwerke erst einmal operationalisiert werden. Dies bedeutet, dass sich der Erfolg, d. h. das Erreichen der Wissensziele, nur schwer einschätzen lässt. Oft wird das Falsche gemessen, z. B. monetäre Größen, das Individuelle und nicht das Kollektive oder nur der Input und nicht der Output.[210] Bei einer weiteren, zu einem späteren Zeitpunkt durchgeführten Delphi-Studie aus dem **Jahre 2001/2002**, werden im Wissensmanagement soziale Faktoren und die sozialen Netzwerke berücksichtigt. Weiterhin besteht jedoch Handlungsbedarf in der Wissensteilung und der Wissenskultur.[211]

Bei einer weiteren durchgeführten Studie zum Thema „Wissen und Information" aus dem **Jahre 2005** der „Fraunhofer-Wissensmanagement Community" in Anlehnung an „Hype Cycle der Gartner Group" wurde die nachfolgend aufgeführte Frage von Experten und zusätzlichen Akteuren untersucht: Was haben Unternehmen hinsichtlich des Wissens und Informationen bereits umgesetzt? Was planen sie, zukünftig umzusetzen? Zu dieser Problematik wurde von einer Forschungsgruppe folgende Hypothese überprüft: **Unternehmen haben keine ganzheitliche Wissensmanagementstrategie.** Die Hypothesenüberprüfung bestätigt, dass gerade KMU aufgrund ihrer Unternehmensgröße und dem persönlichen Kontakt profitieren. Das menschliche Individuum ist bei ihnen stärker fokussiert als bei großen Unternehmen. Die großen Unternehmen betreiben das Wissensmanagement formaler und der Einsatz von Informationssystemen ist dort weit verbreitet. Diese bilden wiederum den Anstoß für kulturelle Veränderungen. Die Unternehmen setzen stärker auf technologische Maßnahmen in Form von Dokumentenmanagement- und Content Management-Systemen. Diese sind bei über 65 Prozent im Einsatz. Jedoch erbringen diese noch nicht den vollen möglichen Nutzen. Ein hoher Nutzwert und große Akzeptanz erreichen hingegen Social Software.

---

[209] Vgl. Mandl, Heinz/Reinmann-Rothmeier, Gabi (2000), S. 9 ff.
[210] Vgl. Probst, Gilbert/Raub, Steffen/Romhard, Karl (2010), S. 220
[211] Vgl. Scholl Wolfgang/Heisig, Peter (2003), S. 179 ff.

Die organisatorischen und kulturellen Maßnahmen werden weiterhin vernachlässigt. Handlungsbedarf besteht außerdem beim Transfer von explizitem Wissen und Informationen sowie bei der Sicherung von Erfahrungswissen.[212] Jedoch konnte die Hypothese, **das Wissensmanagement keinen bewertbaren Nutzen erzielt, widerlegt werden.** Unternehmen erreichen durch Wissensmanagementinitiativen deutlich bessere Effekte bei der Bewältigung von Wissensmanagementaufgaben.[213] Bei einer weiteren, speziell auf KMU gerichtete Delphi-Befragung aus dem **Jahre 2007** schätzen über 50 Prozent der Experten, dass die Technologie bis zum Jahr 2019 auch stärker bei KMU eingesetzt wird.

Die Hemmnisse basieren auf technischen Problemen. Nach dem Jahr 2020 schätzen die Experten ein, dass intelligente Softwaresysteme in der Lage seien, selbstständig Informationen zu bewerten.[214] Laut einer aktuellen Delphi-Befragung aus dem Jahr 2012 wird von über 50 Prozent der Experten prognostiziert, dass im Jahr 2020 das Wissensmanagement eine wesentliche Aufgabe der Personalentwicklung sein wird und dieses mit der Organisationsentwicklung stark verzahnt sein wird. Der Umgang mit Wissen, d. h. die Informationskompetenz, wird also zunehmen. Dabei spielt das implizite Wissen eine wichtige Rolle. Der Wissenstransfer zwischen der älteren und der jüngeren Belegschaft wird dann institutionalisiert sein. Da das Wissen an Individuen gebunden ist, hat die Personalentwicklung die Aufgabe, die Organisation und die Mobilisierung von Wissen zu fördern, d. h. soziale Netzwerke sicherzustellen. Der Preis eines Produkts wird dann in bestimmten Branchen durch das investierte Wissen bestimmt.[215]

Die nachfolgende Tabelle stellt eine Zusammenfassung der herausgefundenen Erkenntnisse zum Wissensmanagement dar. Dabei sind die erforderlichen Ebenen wie folgt gewichtet:

---

[212] Vgl. Bahrs, Julian/Schmid, Simone/Müller, Claudia (2007), S. 15

[213] Vgl. ebd., S. 70

[214] Vgl. Baier, Elisabeth (2008): Semantische Technologien in Wissensmanagementlösungen - Einsatzpotenziale für den Mittelstand der FAZ Schriftenreihe – Marktanalyse/Band 13, S. 43 ff.

[215] Vgl. Schermuly, Carsten, Christoph/Schröder, Tobias/Nachtwei, Jens/Kauffeld, Simone/Gläs, Karl (2012): Die Zukunft der Personalentwicklung - Eine Delphi-Studie -, Zeitschrift für Arbeits- und Organisationspsychologie, S. 120

1 = voll ausgeschöpft und 5 = überhaupt nicht voll ausgeschöpft.

	1	2	3	4	5
Gesellschaft Lernen und Weiterbildung	x				
Organisation Fähigkeiten/Fertigkeiten zur Aufgabenbewältigung				x	
Individuum Kommunikationsbereitschaft Fähigkeiten, Wissen zu verteilen Große Unternehmen KMU			x		x
kulturelle Maßnahmen				x	
Informations- und Kommunikationstechnologie große Unternehmen KMU		x		x	
Nutzen der Technologie		x			

Tabelle 8: Zusammenfassung der Erkenntnisse zum Wissensmanagement
Quelle: eigene Darstellung in Anlehnung an Enaux, Claudius/Henrich, Fabian [2011], S. 65[216]

Aus den zuvor dargestellten und gewonnenen Forschungserkenntnissen und dem daraus abzuleitenden Handlungsbedarf wird folgende Hypothese für die Umfrage generiert: **Hypothese 1:** Ein erfolgreiches Wissensmanagement in einem Unternehmen wird stark vom persönlichen Wissensmanagement des Einzelnen geprägt.

[216] Vgl. Enaux, Claudius/Henrich, Fabian (2011), S. 65

5.6.2 Delphi-Studie Kompetenz-Management

Im Zeitraum von August 2008 bis September 2009 wurde eine **Delphi-Befragung** zum Thema Bildung für eine nachhaltige Entwicklung bzw. zum Globalen Lernen durchgeführt. An dieser Befragung nahmen Experten aus Deutschland, Großbritannien, Mexiko, Chile und Ecuador teil. Das Ergebnis der Delphi-Runde zeigt, dass **Bildung** und Veränderung von Werten, Einstellungen und Bewusstsein sowie die **Entwicklung von Kompetenzen** die wichtigsten Ziele für eine nachhaltige Entwicklung darstellen. Bei den Schlüsselkompetenzen werden als wichtigste Kompetenz das **vernetzte Denken und der Umgang mit Komplexität** betrachtet. Offen geblieben ist jedoch bei dieser Studie die Frage der Kompetenzentwicklung und Kompetenzmessung. [217]

Laut einer weiteren **Delphi Studie 2010** sehen die Experten, dass der Einzelne für die Bildung und Weiterbildung genauso zu sorgen hat wie die Unternehmen. Für das Vermitteln der digitalen Kompetenzen zur Weiterqualifikation der Mitarbeiter sind jedoch weiterhin die Unternehmen zur Sicherstellung des nachhaltigen Erfolgs verantwortlich. Durch diese Delphi-Studie konnte bestätigt werden, dass alle drei Komponenten, die Kompetenzentwicklung im beruflichen Umfeld, die zunehmende Digitalisierung und vernetzte Strukturen und Services, erforderlich sind. Des Weiteren spielen Unternehmenskompetenz, Netzwerkstrukturen sowie die unternehmensinterne Kompetenzentwicklung eine entscheidende Rolle. Auch bei dieser Studie ist aufgrund der digitalen Welt und den stark vernetzten Strukturen die Kompetenzentwicklung erst am Anfang. Die Veränderung der Gesellschaft infolge der Virtualisierung kann zum jetzigen Zeitpunkt noch nicht eingeschätzt werden. Von großer Bedeutung für die Zukunft ist aber jedenfalls die Förderung branchenübergreifender Kooperationen.[218] Die Experten sind sich darüber einig, die Herausforderung der organisationsübergreifenden Netzwerke und die Grenzen der Internationalisierung meistern zu können, wenn sie die Talente entsprechend fördern und in die Netzwerke einbinden.[219]

---

[217] Vgl. Rieckmann, Marco (2010), S. 163

[218] Vgl. Picot, Arnold/Eberspächer, Jörg (2010): Zukunft & Zukunftsfähigkeit der deutschen Informations- und Kommunikationstechnologie, Seite 43 ff., URL: http://www.zukunft-ikt.de/ Abruf am 02.07.2013

[219] Vgl. Haasis, Klaus/Buchholz Andrea (2009): Digitale Wege zu neuen Märkten, S. 163

Bei einer durchgeführten Expertenbefragung **„MMB Learning Delphi 2010“** wird prognostiziert, dass E-Learning gerade in der **betrieblichen Aus- und Weiterbildung** weiter zunehmen wird, auch in Bezug auf die Förderung junger Talente. Gerade bei der Entwicklung von fachübergreifenden Kompetenzen gewinnen digitale Lernformen in Zukunft zunehmend an Bedeutung. So konnten bereits in den letzten fünf Jahren die Branchen des digitalen Lernens ihren Umsatz um 22 Prozent steigern. Großer Zuspruch finden die Formen des E-Learnings in den Unternehmen: Web-Based-Training - nachfolgend WBT genannt -, Blended Learning sowie das Computer Based Training - nachfolgend CBT genannt -. Für die Zukunft wird von den Experten prognostiziert, dass das Blended Learning den ersten Rang einnimmt. Zuspruch finden auch virtuelle Klassenräume, die den Vorteil des zeitgleichen Lernens und den Austausch vieler Teilnehmer fördern.[220]

Laut einer aktuellen **Delphi-Befragung aus dem Jahr 2012** wird prognostiziert, dass die Wichtigkeit der **berufsbezogenen Kompetenzen** bis 2020 zunehmen wird. Bestätigt wird hier, dass der Umgang mit Komplexität/vernetztem Denken wichtiger wird. Ebenso werden die Informations- und Kommunikationstechnologie, die Team- und Kooperationsfähigkeit und die multikulturelle Kompetenz zunehmen. Des Weiteren wird bestätigt, dass im Jahr 2020 die nachfolgend aufgeführten **Personalentwicklungsinstrumente** zunehmen werden: Kompetenz-Management-Systeme, Coaching, die Zusammenarbeit in/zwischen Teams, individuelle Feedbacksysteme, Blended Learning sowie das Training im Projekteinsatz. Auch im Weiterbildungsbereich wird für das Jahr 2020 prognostiziert, dass es dann selbstverständlich ist, dass Fach- und Führungskräfte, die 55 Jahre und älter sind, regelmäßig an Weiterbildungsmaßnahmen teilnehmen.[221]

Die nachfolgende Tabelle stellt eine Zusammenfassung der herausgefundenen Erkenntnisse zum Kompetenzmanagement dar. Dabei werden die erforderlichen Ebenen wie folgt gewichtet:

---

[220] Vgl. Goertz, Lutz (2012), S. 13ff.

[221] Vgl. Schermuly, Carsten, Christoph/Schröder, Tobias/Nachtwei, Jens/Kauffeld, Simone/Gläs, Karl (2012): Die Zukunft der Personalentwicklung - Eine Delphi-Studie -, Zeitschrift für Arbeits- und Organisationspsychologie, S. 118

1 = voll ausgeschöpft und 5 = überhaupt nicht voll ausgeschöpft.

Berufsbezogene Kompetenzen	1	2	3	4	5
Bildung und Veränderung von Werten und Einstellungen			x		
Vernetztes Denken und der Umgang mit Komplexität			x		
Digitalisierung				x	
Kompetenz-Management-Systeme				x	
Kompetenzentwicklung					x
Kompetenzmessung					x
Personalinstrumente					
Coaching		x			
Blended Learning			x		
Training in Projekteinsatz			x		
Virtuelles Lernen			x		
Branchenübergreifende Kooperation mit anderen Unternehmen				x	
Formale Entwicklungsprogramme	x				
Feedbacksysteme		x			

Tabelle 9: Zusammenfassung der Erkenntnisse zu Kompetenzmanagement
Quelle: eigene Darstellung in Anlehnung an Goertz, Lutz [2012], S. 13 ff.[222]

Aus den zuvor dargestellten und gewonnenen Forschungserkenntnissen und dem daraus abzuleitenden Handlungsbedarf werden folgende Hypothesen für die Umfrage generiert: **Hypothese 1:** Berufsbezogene Kompetenzen in einem Unternehmen tragen maßgeblich zur Bildung und Qualifizierung des Einzelnen bei und sichern die nachhaltige Entwicklung. **Hypothese 2:** Personal-Entwicklungsinstrumente in einem Unternehmen tragen maßgeblich zur Bildung und Qualifizierung des Einzelnen bei und sichern die nachhaltige Entwicklung.

[222] Goertz, Lutz (2012), S. 13 ff.

5.6.3 Delphi-Studie CSR-Management

In einer aktuellen **Delphi-Befragung aus dem Jahr 2012** wird prognostiziert, dass es im Jahr 2020 kein Standard-Arbeitsverhältnis mehr geben wird. Stark im Trend werden flexible Teilzeitmodelle sowie die Ausstattung mit Home-Office-Arbeitsplätzen sein. Die Attraktivität der Arbeitgeber wird infolge flexibler und familienfreundlicher Konzepte zur Verbesserung der **Work Life Balance** für eine bessere Vereinbarkeit von Familie und Beruf gesteigert. Die zukünftige Aufgabe der Personalentwicklung besteht darin, die eigene **Unternehmenskultur** mit der Landeskultur ausländischer Betriebsstätten und Kooperationsunternehmen zu fördern, um Reibungsverlusten entgegenzuwirken. Die Entwicklung von Werten und Ethik sowie die Förderung und **Identifikation** mit dem Unternehmen wird ein weiterer Teil der Personalentwicklung sein.[223] **Die Diversität,** d. h. die Vielfalt oder Verschiedenheit von Mitarbeitern, wird im Jahr 2020 infolge des demographischen Wandels ebenso ein fester Bestandteil sein.[224]

Von der Diversität werden die gesamten Unternehmen betroffen sein. Das Aufeinandertreffen verschiedener Nationalitäten und kultureller Unterschiede machen es notwendig, gemeinsame Werte und Normen aufzustellen, um einen Orientierungsrahmen zu schaffen. Hierbei muss man sich mit der Frage befassen, was Gruppen in **interkulturellen Situationen** erfolgreich macht. Kann mit einer interkulturellen **Gruppenkompetenz** das geforderte Arbeitspensum erreicht werden? Eine aktuelle Delphi-Studie zeigt, dass Kultur die Identität und das Miteinander fördert und zu einem gemeinsamen Kollektiv führt. Aus dem Ergebnis lässt sich ableiten, dass Kompetenzentwicklungsmaßnahmen in **interkulturellen Situationen durch gezielte Teams und Gruppen** anstelle individueller Ebenen zu implementieren sind. Die Entwicklung interkultureller Gruppenkompetenz wird infolge der zunehmenden heterogenen Belegschaft immer notwendiger werden, um komplexe Aufgaben bewältigen zu können.[225]

---

[223] Vgl. Schermuly, Carsten, Christoph/Schröder, Tobias/Nachtwei, Jens/Kauffeld, Simone/Gläs, Karl (2012): Die Zukunft der Personalentwicklung - Eine Delphi-Studie -, Zeitschrift für Arbeits- und Organisationspsychologie, S. 116

[224] Vgl. Schröder, Tobias/Gläs, Karl/Nachtwei, Jens/Schermuly, Carsten (2010): Ergebnisrückmeldung zur Abschlussrunde der Delphi-Studie, Seite 10, URL: http://www.pfo-partner.de/Abruf am 09.07.2013

[225] Vgl. Vogler, Petra/Over, Ulf/Mienert, Malte/Gröschke, Daniela (2010): Interkulturelle Studien, Seite 59 ff.

Die Kooperation, d . h. das **„collective mind"**, trägt dabei mehr zur Prozessentwicklung bei als die individuelle Kompetenz bei.[226] Da das Humankapital, d. h. gesunde und qualifizierte Mitarbeiter das wichtigste Gut sind und die grundlegende Voraussetzung für den Unternehmenserfolg sind, wurde in einer weiteren **Delphi Studie aus dem Jahre 2011** die Frage untersucht, ob zwischen der **Unternehmenskultur** und dem **Kompetenzerwerb** im Bereich **Sicherheit und Gesundheit** ein Zusammenhang besteht - siehe hierzu nachfolgende Abbildung -:

Zusammenhänge zwischen Kultur und Kompetenzerwerb

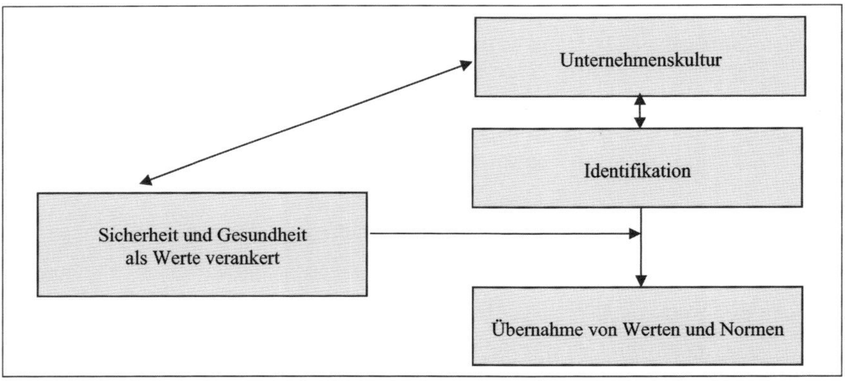

Abbildung 17: Die Identifikationshypothese
Quelle: eigene Darstellung in Anlehnung an Hinding, Barbara/Kastner, Michael [2011], S. 105

Das Ergebnis zeigt, dass sich die befragten Experten einig darüber sind, dass die Arbeitssicherheit einen hohen Stellenwert in der Unternehmenskultur einnimmt. Das **Vertrauen** und die **Zusammenarbeit** zur Umsetzung der Gesundheitsförderung liefert dabei die wichtigste Basis der Unternehmenskultur. Gerade in der Teamzusammenarbeit stellt das Vertrauen ein wichtiges Gut dar und dient der gegenseitigen Unterstützung und der Stärkung des Verantwortungsgefühls in der Kooperation und damit der gesamten Unternehmenskultur.[227]

[226] Vgl. Vogler, Petra/Over, Ulf/Mienert, Malte/Gröschke, Daniela (2010): Interkulturelle Studien, Seite 59 ff.
[227] Vgl. Hinding, Barbara/Kastner, Michael (2011): Gestaltung von lernfördernden Unternehmenskulturen zu Sicherheit und Gesundheit bei der Arbeit, S. 105 ff.

Des Weiteren kann aus dem Ergebnis abgeleitet werden, dass starke Zusammenhänge zwischen einer guten Kommunikation und Offenheit zur Weiterentwicklung der Sicherheit und Gesundheit bestehen.[228] Die nachfolgende Tabelle stellt eine Zusammenfassung der herausgefundenen Erkenntnisse zum CSR dar. Dabei werden die erforderlichen Ebenen wie folgt gewichtet:

1 = voll ausgeschöpft und 5 = überhaupt nicht voll ausgeschöpft.

Kulturfacetten	1	2	3	4	5
Identifikation			x		
Work-Life-Balance					x
Gesundheitsprogramme				x	
Gruppenkompetenz			x		
Sicherheit der Mitarbeiter		x			
Förderung der Teamarbeit		x			
Nachhaltigkeit				x	
Diversität			x		
Unternehmenskultur		x			
Sicherheit und Gesundheit als Werte und Ethik			x		

Tabelle 10: Zusammenfassung der Erkenntnisse über CSR-Management
Quelle: eigene Darstellung in Anlehnung an Hinding, Barbara/Kastner, Michael, [2011], S. 119

Aus den zuvor dargestellten und gewonnenen Forschungserkenntnissen und dem daraus abzuleitenden Handlungsbedarf wird folgende Hypothese für die Umfrage generiert: **Hypothese 1:** Zwischen der Unternehmenskultur und der Gesundheit bestehen Zusammenhänge, die zur Unternehmensidentifikation beitragen.

[228] Vgl. Hinding, Barbara/Kastner, Michael (2011): Gestaltung von lernfördernden Unternehmenskulturen zu Sicherheit und Gesundheit bei der Arbeit, S. 116 ff.

5.6.4 Zusammenfassung

Aus den zuvor gewonnenen Erkenntnissen kann abgeleitet werden, dass Kompetenz- und Wissensmanagementkonzepte wichtige Systeme in der Personalentwicklung für die Förderung einer nachhaltigen Entwicklung darstellen. Sie dienen zum einen der Weiterbildung in Form von E-Learning, Blended Learning etc. Des Weiteren unterstützen sie die internetbasierte Kommunikation und Information der Mitarbeiter sowie die virtuelle/internationale Teamarbeit. Allerdings gilt es dabei zu beachten, dass IT-Systeme die zwischenmenschlichen Beziehungen der Mitarbeiter und deren Wissen und Kompetenzen nicht ersetzen können. So gilt es, dieses wichtige Gut auch in der Zukunft weiterhin zu pflegen.[229]

Offenheit, Vertrauen und Partizipation bilden dabei die Grundlage im Unternehmen, um geeignete Lernstrategien einzuführen und entsprechende Lernstrukturen zu schaffen. Dabei spielen CSR-Instrumente im Bereich der Sicherheit und Gesundheit eine wichtige Rolle, um eine einheitliche Unternehmenskultur zu schaffen und zu verankern. Die Gesundheitskompetenz sichert als wichtige Kulturfacette auf der einen Seite das Wissen der Fachkräfte und ermöglicht u. a. die Schaffung von Kompetenzen in interkulturellen Situationen und Teams und trägt auf der anderen Seite zur Sicherung der Nachhaltigkeit in der Zukunft bei.[230]

Im Hinblick auf die ältere Generation sind die Einhaltung einer altersgerechten Gestaltung von Arbeitsplätzen sowie entsprechend zugeschnittene Gesundheitsprogramme zu berücksichtigen. Weitere wichtige Punkte bilden Programme zur Förderung der Vereinbarkeit von Familie und Beruf, um die Fachkräfte und Talente an das Unternehmen zu binden, aber auch um die Frauenquote zu erhöhen.[231]

---

[229] Vgl. Bruns, Beate/König, Andreas (2008/2009): Die zukünftige Entwicklung von Personal-, Informations- und Trainingsmanagement - Trends revisited, E-HRM und Gedanken zur Soziologie der Weiterbildung, S. 19

[230] Vgl. Hinding, Barbara/Kastner, Michael (2011): Gestaltung von lernfördernden Unternehmenskulturen zu Sicherheit und Gesundheit bei der Arbeit, S. 142

[231] Vgl. Kummer, Serena (2009), S. 122

Die nachfolgende Abbildung zeigt die Zusammenhänge der verschiedenen Konzepte.

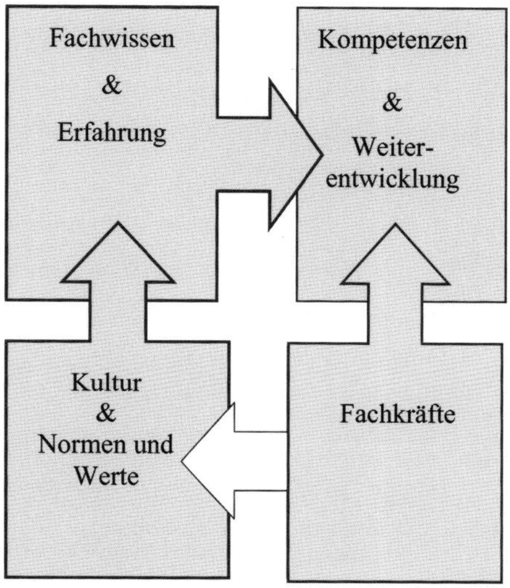

Abbildung 18: Zusammenhänge der verschiedenen Konzepte
Quelle: eigene Darstellung aus den zuvor gewonnenen Forschungserkenntnissen

6 Umfrage zum Umgang mit dem demographischen Wandel

Auf der Grundlage der theoretischen Forschungs- und Studienerkenntnisse und den generierten Hypothesen erfolgt nunmehr eine deduktive, kausalanalytische, quantitative und qualitative Untersuchung. Die empirische Untersuchung erfolgt mittels einer Querschnittstudie unter Verwendung einer Zufallsstichprobe.[232]

6.1 Instrumente und Messgeräte

Zur Datenerhebung für kausale Forschungsfragen oder Hypothesen eignen sich Experimente in Gruppen oder die schriftliche Befragung unter Verwendung eines Fragebogens.[233] Als Forschungsinstrument zur Hypothesenprüfung wird aus Zeit- und Aufwandsgründen aller Beteiligten die notwendige Datenerhebung mit einem Fragebogen analog zur ersten Delphi-Runde der Delphi-Methode durchgeführt. Als Untersuchungsinstrument wird ein Fragebogen in kombinierter Form eingesetzt, der sowohl quantitative als auch qualitative Antworten berücksichtigt. Mit der quantitativen Methode kann eine höhere Rücklaufquote erreicht werden.[234] Die Gütekriterien der **Objektivität, Reliabilität (Zuverlässigkeit)** und **Validität (Gültigkeit)** werden beachtet, so dass die Vergleichbarkeit garantiert ist.[235] Die Auswertung der Daten kann außerdem gegenüber einer qualitativen Bewertung schneller erfolgen.[236] Nachteilig wirken sich die eingeschränkten Antwortmöglichkeiten sowie ggf. die begrenzte Anzahl der Einfach- und Mehrfachnennungen aus, die durch die offene Antwortmöglichkeit kompensiert werden: Neue Faktoren und Sichtweisen können durch die Kreativität des Befrager-Kreises entstehen und berücksichtigt werden, so dass sich gegenüber einer quantitativen Befragung neue Perspektiven für den Beurteiler eröffnen.[237] Der Nachteil dieser Methode ist, dass der Bearbeitungs- und Auswertungsaufwand höher ist und die Objektivität gegenüber einer quantitativen Auswertung eingeschränkt ist.[238] Durch die kombinierte Form können somit die einzelnen Nachteile der jeweiligen Methode kompensiert werden.

Der Aufbau des Fragebogens ist so konzipiert, dass erst die Pflichtfragen zu beantworten sind. An zweiter Stelle stehen vier Strukturfragen zu Geschlecht, Alter, Betriebs-

---

232 Vgl. Bortz, Jürgen/Döring, Nicola (2006), S. 88
233 Vgl. Renner, Karl-Heinz/Heydasch, Timo/Ströhlein, Gerhard (2012), S. 61
234 Vgl. Moosbrugger, Helfried/Kelava, Augustin (2007), S. 8
235 Vgl. ebd., S. 195
236 Vgl. Porst, Rolf (2008), S. 53
237 Vgl. ebd. S. 195 und 254
238 Vgl. Moosbrugger, Helfried/Kelava, Augustin (2007), S. 41

branche und Betriebsgröße. Um letztlich die Ergebnisse messen zu können, werden die Antwortmöglichkeiten bei der ersten Frage mit einer bipolaren Ratingskala versehen, die fünf Items von 1 „sehr wichtig“ bis 5 „sehr unwichtig“ zulässt.[239] Eine freie Antwortvariante ist bei Frage 1 zu jeder Auswahlvariante möglich. Bei den weiteren Fragen 2 bis 4 ist im Fragebogen eine Mehrfachnennung, beschränkt auf 3 Antwortmöglichkeiten sowie eine freie Antwortvariante, vorgesehen. Die Auswertung erfolgt in quantitativer Hinsicht nach der Anzahl der Häufigkeiten, begrenzt auf die drei wichtigsten Antwortvarianten aus Sicht des Beurteilers.[240] Aus Zeitgründen erfolgt die Befragung computerunterstützt unter Einsatz des Programms **„q-set“**. Der Vorteil dieser Variante besteht in der Datengenauigkeit, der Flexibilität und der möglichen Komplexität der Fragen. Nachteilig wirkt sich die Teilnehmergebühr aus, die einige Online-Anbieter verlangen. Diese fällt jedoch im Vergleich mit den entstehenden Versandkosten per Post erheblich geringer aus. Die Beantwortungsrate ist allerdings gegenüber einem Telefoninterview oder einem persönlichen Interview geringer.[241]

6.2 Erprobungsphase

Bevor der Fragebogen an die Kommilitoninnen und Kommilitonen des 4. Semesters versandt wurde, erfolgte zur Voruntersuchung ein Pretest. Der Fragebogen wurde in der Zeit vom 19.07.2013 bis 22.07.2013 an sechs Beschäftigte meines Arbeitgebers, Firma XYZ, versendet, um die Verwendbarkeit zu testen. Alle Befragten sind in den Abteilungen Personalplanung und Personalentwicklung eingesetzt. Nach Ablauf der Testphase wurden folgende Verbesserungsvorschläge nach mündlicher Befragung oder per E-Mail vorgetragen: **Verfeinerung der Nummerierung im Fragebogenaufbau** zur besseren Verständlichkeit. **Erweiterung der Ratingskala** bei der Frage 1 um einen weiteren Skalenpunkt, mit dem Item „weiß nicht“ als 0-Punkt“, so dass die Anzahl der Skalenpunkte gerade ist.

---

239 Vgl. Moosbrugger, Helfried/Kelava, Augustin (2007), S. 52
240 Vgl. Goldecker GmbH (2012): Webseite Q-Set, Online Umfrage, URL: http://www.q-set.de/, Abruf am 19.07.13
241 Vgl. Kotler, Philipp/Armstrong, Gary/Wong, Veronica/Saunders, Johann (2011): Grundlagen des Marketing, 5. aktualisierte Auflage, München, S. 380

Der Vorteil einer geraden Skala gegenüber einer ungeraden ist, dass die Skala im Mittelpunkt sich ganz klar in zwei Richtungen trennt und somit eine saubere Trennschärfe gegeben ist.[242] Des Weiteren wurde eine **weitere Antwortmöglichkeit mit „Sonstiges" bei den Fragen 2 bis 4** gewünscht, so dass die Flexibilität einer freien Antwortmöglichkeit mit einem Stichwort möglich ist. Die vorgetragenen Vorschläge wurden in den Fragebogen eingearbeitet, so dass die Umfrage nunmehr beginnen konnte.

6.3 Untersuchungsdurchführung

Als Befragungskreis wurden die Kommilitoninnen und Kommilitonen aus dem 4. Semester der Fachrichtung „Human-Resources" aus Sicht der HR-Verantwortlichen befragt, die eine Anzahl von ca. 20 bilden. Der Fragebogen mit dem entsprechen Link wurde am 24.07.2013 per E-Mail versendet und ist im **Anhang entsprechend gekennzeichnet als Anhang 1: Aufbau des Fragebogens.** Wegen der beginnenden Semesterferien und der festgestellten geringen Resonanz eine Woche später, d. h. am 29.07.2013, wurde die Umfrage ins Forum der FOM für alle Kommilitoninnen und Kommilitonen der Fachrichtung „Human-Resources" eingestellt. Parallel wurde der Fragebogen an 10 Personalverantwortliche meines Arbeitgebers, der Firma XYZ, versendet. Die Umfrage sollte, wenn keine Verlängerung mehr vorgenommen wird, am 07.08.2013, enden, so dass anschließend die Auswertung vorgenommen werden kann.[243]

6.4 Auswertung der Umfrage

Die Beteiligung der komplett ausgefüllten Fragebögen ergab am 07.08.2013 eine Anzahl von insgesamt 20 Fragebögen, die sich aus Kommilitoninnen und Kommilitonen sowie Personalleiter/innen meines Arbeitgebers zusammensetzen. Die statistische Auswertung soll nunmehr im nächsten Schritt aufzeigen, ob Zusammenhänge zwischen den aufgestellten Hypothesen und den erzielten Ergebnissen bestehen. Hierzu wird für die Frage 1 der quantitativen Auswertung, die ordinal skaliert ist, der **arithmetische Mittelwert** der abgegebenen Antworten berechnet und ein entsprechendes Profildiagramm angefertigt.

---

[242] Vgl. Porst, Rolf (2008), S. 81

[243] Vgl. Goldecker GmbH (2012): Webseite Q-Set, Online Umfrage, URL: http://www.q-set.de/, Abruf am 24.07.13

Die Berechnung erfolgte mit der Anwendungssoftware Microsoft Excel. Berechnet wird des Weiteren der **Median** - nachfolgend Mdn genannt - der abgegebenen Antworten insgesamt, die **Standardabweichung** - nachfolgend SD genannt - und die **Varianz** - nachfolgend V genannt -. Bei den Fragen 2 bis 4 erfolgt die quantitative Auswertung nach den drei wichtigsten Werten bzw. Häufigkeiten der abgegeben Antworten. Da bei nominal skalierten Größen kein arithmetischer Mittelwert berechnet werden kann, erfolgt die Darstellung mit einem Balkendiagramm. Den Abschluss der Auswertung bilden die Strukturfragen. Die Auswertung des Fragebogens befindet sich im **Anhang, entsprechend gekennzeichnet als Anhang 2: Auswertung des Fragebogens**.

Bei der **qualitativen Auswertung** zur Frage 1, welche Instrumente wichtig seien, damit Fachkräfte ihr Wissen und Können zur Verfügung stellen, wurde angegeben, dass Wissensdatenbanken in Unternehmen fehlen, in denen alle Qualifikationen der gesamten Mitarbeiter eingetragen werden, dass diese aber notwendig seien. Nur so könne das Know-how der Mitarbeiter jederzeit abgerufen werden. Dabei seien auch Hobbys und Freizeitaktivitäten zu erfassen. Zur Frage 2 wurde keine qualitative Antwort abgegeben. Zur Frage 3 nach den wichtigsten Personalentwicklungsinstrumenten wurde eine qualitative Antwort abgegeben. In dieser wird ausgesagt, dass Wikis zwar den fachlichen Austausch unterstützen, dass aber ein persönlicher Austausch interdisziplinär und teamübergreifend oder auch in Form von Job Rotation am wichtigsten sei. Zur Frage 4 nach der Verbindung zwischen Unternehmenskultur und Gesundheit wurde ebenfalls eine qualitative Antwort abgeben, in der darüber informiert wird, dass die Unternehmen zum Umdenken aufgefordert werden. In dieser Antwort wird mitgeteilt, dass der Sport in die Firma gehöre und Schäden somit vorgebeugt werden könne, die möglicherweise am Arbeitsplatz entstehen. Angeregt wird, dass „Sportzeit" der „Arbeitszeit" entsprechen solle. Es wird behauptet, dass nach 10-12 Stunden Arbeitszeit und Fahrzeit keine Zeit für Sport in der Freizeit mehr bliebe.

Im nächsten Unterkapitel sind die Zusammenhänge zwischen der Theorie und den aufgestellten Hypothesen zu prüfen.

6.5 Ergebnisse zu den einzelnen Fragestellungen und Hypothesen

Es ist nunmehr der Zusammenhang zu prüfen, mit welchen Anreizinstrumenten Fachkräfte erfolgreich an das Unternehmen gebunden werden können, um den Auswirkungen des demographischen Wandels zukünftig abzuhelfen. Es wurde folgende Hypothese aufgestellt: **Hypothese 1: Ein erfolgreiches Wissensmanagement in einem Unternehmen wird stark vom persönlichen Wissensmanagement des Einzelnen geprägt.** Die Analyse zeigte, dass Wissens- und Erfahrungsaustausch in übergreifenden Teams, der Austausch in Projekt-Teams sowie der informelle Erfahrungsaustausch zwischen Mitarbeitern ein wichtiger Faktor bilden. Aus dem qualitativen Ergebnis kann abgeleitet werden, dass Wissensdatenbanken zur Erfassung der Qualifikation bei der Teambildung in übergreifenden Teams nützlich sein können, das richtige Know-how an der richtigen Stelle einzusetzen. Wenig Zustimmung fanden dagegen Belohnungssysteme, um neue Ideen zu erfassen und weiterzugeben, der Erfahrungsaustausch durch Wissensnetzwerke und Expertengruppen sowie der Erfahrungsaustausch in Form z. B. von Kaffee-Ecken, Kantine und Zigarettenpause. Als Fazit kann die Hypothese bestätigt werden, dass ein erfolgreiches Wissensmanagement stark von der Persönlichkeit des Einzelnen geprägt ist und nicht durch Wissensnetzwerke oder den Einsatz moderner Technologie ersetzt werden kann.

Bei der Hypothese 2 wird geprüft, ob berufsbezogene Kompetenzen maßgeblich zur Bildung und Qualifizierung des Einzelnen beitragen. Die aufgestellte **Hypothese 2 lautet: Berufsbezogene Kompetenzen in einem Unternehmen tragen maßgeblich zur Bildung und Qualifizierung des Einzelnen bei und sichern die nachhaltige Entwicklung.** Die Auswertung nach den drei wichtigsten Kompetenzen ergab, dass der Umgang mit Informations- und Kommunikationstechnologie von 13 Befragten als wichtig erachtet wurde. Die fachliche Kompetenz und der Umgang mit Veränderungen erhielten jeweils 10 Nennungen, d. h. hier liegt kein Modalwert vor. Eine Anzahl von 9 bestätigte den Umgang mit Veränderungen als wichtig, der demnach eine entscheidende Rolle bis zum Jahre 2020 einnehmen wird. Diese Hypothese kann nach den vorgestellten Delphi-Studien aus dem Jahre 2008 bis 2010 ebenfalls weitgehend bestätigt werden. Die Zunahme im Umgang mit der Informations- und Kommunikationstechnologie sowie der Umgang mit Komplexität und vernetztem Denken spielen eine wichtige Rolle.

Laut einer weiteren aktuellen Delphi-Studie aus dem Jahre 2012 kann die Hypothesen allerdings nur bezüglich des Umgangs mit der Informations- und Kommunikationstechnologie bestätigt werden. Nicht bestätigt werden können dagegen die Wichtigkeit der Team- und Kooperationsfähigkeit sowie der multikulturellen Kompetenz. Diese Kompetenzen fanden bei der durchgeführten Umfrage nur wenig Zustimmung.

Bei der Hypothese 3 wird geprüft, wie sich die Personalentwicklungsinstrumente bis zum Jahre 2020 entwickeln werden. Die aufgestellte **Hypothese 3 lautet: Personal-Entwicklungsinstrumente in einem Unternehmen tragen maßgeblich zur Bildung und Qualifizierung des Einzelnen bei und sichern die nachhaltige Entwicklung.** Die Auswertung ergab, dass an erster Stelle individuelle Feedbacksysteme stehen, mit einer Anzahl von 15, gefolgt von Training und Zusammenarbeit in- und zwischen Teams mit einer Anzahl von 11. An 3. Stelle mit derselben Anzahl von 6 Nennungen, auch hier existiert also kein Modalwert, stehen E-Learning/Blended Learning und Web-Based-Training. Diese Hypothese kann laut Delphi-Studie aus dem Jahr 2010 nicht komplett bestätigt werden. Bestätigt werden kann die Wichtigkeit des Web-Based-Training und des E-Learning/Blended Learning. Nicht bestätigt werden konnte dagegen die Wichtigkeit der virtuellen Klassenräume. Hierfür entschieden sich in der ausgewerteten Umfrage 0 Teilnehmer. Bei der Delphi-Studie von 2012 konnte die Hypothese bestätigt werden, dass Feedbacksysteme und das Training in Zusammenarbeit in- und zwischen Teams sowie Blended Learning eine wichtige Bedeutung haben. Nicht bestätigt werden konnte auch das Coaching, das in der Umfrage nur eine geringe Beachtung erhielt. Die qualitative Aussage, dass Wikis den fachlichen Austausch unterstützen sowie dass ein persönlicher Austausch interdisziplinär und teamübergreifend oder in Form von Job Rotation unterstützt, kann anhand der vorliegenden quantitativen Auswertung kaum bestätigt werden.

Bei der Hypothese 4 wird geprüft, welche Zusammenhänge zwischen der Unternehmenskultur und der Gesundheit bestehen. Die aufgestellte **Hypothese 4 lautet: Zwischen der Unternehmenskultur und der Gesundheit bestehen Zusammenhänge, die zur Unternehmensidentifikation beitragen.**

Die Auswertung zeigte, dass die Vereinbarkeit von Familie und Beruf einen wichtigen Stellenwert einnehmen wird. Für diese Antwort entschieden sich 19 von 20 Teilnehmern, d. h. insgesamt 95 Prozent. An zweiter Stelle mit 14 Antworten was 70 Prozent entspricht, stehen Sport- und Gesundheitsprogramme als ein wichtiger Teil der Unternehmenskultur und Kooperation. Dieses Ergebnis wird durch die qualitative Antwort, dass der Sport in die Firma gehört, noch verstärkt. An dritter Stelle stehen mit 50 Prozent lukrativen Sozialleistungen zur Erhöhung der Unternehmensidentifikation in der Zukunft.

Als Fazit kann die Hypothese bestätigt werden, das zwischen der Unternehmenskultur und der Gesundheit Zusammenhänge bestehen, die zur Unternehmensidentifikation beitragen. Hier stehen die Unternehmen in Zukunft in der Pflicht, entsprechende Gesundheitsprogramme und Sozialleistungen anzubieten, um die Unternehmenskultur zu verbessern und die Unternehmensidentifikation zu erhöhen. Im nächsten Unterkapitel werden die erzielten Ergebnisse zu den einzelnen Strukturfragen vorgestellt.

6.6 Ergebnisse zu den einzelnen Strukturfragen

Die Umfragebeteiligung von insgesamt 20 Personen ergab eine Zusammensetzung von 12 weiblichen, also 60 Prozent, und 8 männlichen Teilnehmern, also 40 Prozent. Die Altersbeteiligung betrug unter 25 Jahren 2, im Alter zwischen 25 und 35 Jahren 10 und über 35 Jahren 8. Die Altersstruktur beinhaltet somit 50 Prozent Teilnehmer zwischen 25 und 35 Jahren. Bei der Branchenbesetzung sind 10 Personen, **d. h. 50 Prozent**, **in der öffentlichen Verwaltung**, eine Person ist im Kredit- und Versicherungswesen, zwei Personen in der Dienstleistungsbranche, eine in der Metallerzeugung und Metallbearbeitung, eine im Maschinenbau, eine in der chemischen Industrie, eine in der Bauwirtschaft, eine in der Elektrobranche, eine in der Unternehmensberatung sowie eine Person in der Telekommunikation/IT beschäftigt. Die Unternehmensgröße der beschäftigten Personen weist bei einer Unternehmensgröße bis 49 Beschäftigte eine Person, bei einer Unternehmensgröße von 50 bis 249 Beschäftigten eine Person und 18 Personen mit **über 250 Beschäftigten**, die einen Anteil von 90 Prozent einnehmen. Im nächsten Unterkapitel werden die Zusammenhänge der Antworten mit den Hypothesen geprüft.

6.7 Korrelationsanalyse und Häufigkeitsverteilung

Es wird bei der komplett bestätigten **Hypothese 1** geprüft, ob ein Zusammenhang zwischen den zwei ordinal skalierten Merkmalen bzw. Variablen besteht, d. h. der Antwort 10 zur Organisationsstruktur, die das Teilen von Wissen in der Weise unterstützt, dass sie Vorschläge nicht blockiert und der Antwort 5, zum Wissens- und Erfahrungsaustausch in übergreifenden Teams. Zur Berechnung der Korrelationsanalyse wird der Rangkorrelationskoeffizient von Spearman verwendet, der die Zusammenhänge zwischen den zwei ordinal skalierten Variablen beschreibt und berechnet. Ein wahrscheinlicher Zusammenhang liegt zwischen $0 < 1$ vor. Liegt der Wert nahezu bei 0, liegt kein Zusammenhang vor. Der mit Hilfe des Programms Excel errechnete Korrelationskoeffizient liegt bei 0,69286173, so dass hier ein positiver linearer Zusammenhang bzw. eine positive Steigung besteht.[244] Die entsprechende Abbildung der Korrelationsanalyse befindet sich im **Anhang 3**.

Im nächsten Schritt wird nun bei der Hypothese 1 geprüft, ob ein Zusammenhang zwischen der Antwort 10 zur Organisationsstruktur, die das Teilen von Wissen in der Weise unterstützt, dass sie Vorschläge nicht blockiert, und der Antwort 3, zum informellen Erfahrungsaustausch zwischen Mitarbeitern, besteht. Der mit Hilfe des Programms Excel errechnete Korrelationskoeffizient liegt bei 0,93180958, so dass auch hier ein eindeutig positiver Zusammenhang besteht. Dieser Wert fällt im Vergleich zu dem vorherigen Korrelationskoeffizient deutlich höher aus, so dass hier ein wesentlich engerer Zusammenhang gegeben ist.[245] Die entsprechende Abbildung der Korrelationsanalyse befindet sich im **Anhang 4**.

Als Fazit dieser Hypothese kann abgeleitet werden, dass die Unternehmen zukünftig gefordert sind, den Erfahrungsaustausch in Teams, aber vor allem auch direkt zwischen den Mitarbeitern, zu fördern. Hierbei muss man sich mit der Frage beschäftigen, ob **Wissensdatenbanken**, die das Qualifikationsprofil der Mitarbeiter erfassen, bei der Teambildung und bei den heute und künftig anfallenden Herausforderungen der zu bewältigenden Aufgaben einen Nutzen bringen?

---

[244] Vgl. Bortz, Jürgen/Döring, Nicola (2006), S. 732
[245] Vgl. ebd., S. 732

Die zweite Frage ist: Stehen die hierfür anfallenden wirtschaftlichen Kosten und der daraus resultierende Nutzen in einem ausgewogenen Verhältnis? Im nächsten Schritt wird sich mit der Häufigkeitsverteilung der bestätigten oder weitgehend bestätigten Hypothesen befasst. Bei der Hypothese 2 ist die Antwort 3 zu den **Informations- und Kommunikationstechnologien**, die eine Häufigkeit von 13, d. h. 65 Prozent erhalten hat, näher zu analysieren. Welche Möglichkeiten gibt es, die anfallenden Kosten für den Einsatz der Werkzeuge und den daraus resultierenden Nutzen zu untersuchen? Welchen Einfluss übt die Unternehmenskultur dabei aus?

Bei der Hypothese 3 nehmen bei den Personalentwicklungsinstrumenten **Feedbacksysteme sowie Training in Zusammenarbeit in- und zwischen Teams** einen wichtigen Stellwert ein. Ob der Einsatz des jeweiligen Feedbacksystems Anerkennung und Zufriedenheit bei den Mitarbeitern auslöst, kann durch einen Fragebogen oder eine zugrunde gelegte Zielvereinbarung ermittelt werden. Das Setzen von Meilensteinen und Mitarbeitergespräche können dabei ein hilfreiches Instrument zur Zielerreichung sein. Eine Kosten- und Nutzenanalyse als Erhebungsmethode erscheint hier nicht zwingend notwendig zu sein. Hierauf wird im nächsten Unterkapitel nicht näher eingegangen. Beim Training in Zusammenarbeit in- und zwischen Teams handelt es sich um einen weichen Faktor, der zur Auswertung erst quantifiziert bzw. operationalisiert werden muss. Hier müsste man sich mit den weichen Faktoren der Kommunikations-, Verhaltens- und Sozialkompetenz beschäftigen, so dass hierauf im nächsten Unterkapitel nicht näher eingegangen wird. Bei der Hypothese 4 nehmen **Sport- und Gesundheits-Programme** eine Häufigkeit von 14 und die **Vereinbarkeit von Familie und Beruf** eine Häufigkeit von 19 Nennungen ein. Hier muss man sich mit der Frage auseinandersetzen, welche Programme bzw. Konzepte dazu beitragen, die Vereinbarkeit Familie und Beruf zu fördern. Die weitere Frage ist: Welche Sport- und Gesundheitsprogramme tragen zur Erhaltung der Gesundheit - unter Beachtung des Umfall- und Gesundheitsrisikos - bei und reduzieren gleichzeitig Fehlzeiten? Um die zuvor aufgestellten Fragen beantworten zu können, sind verschiedene Konzepte zur Förderung der Vereinbarkeit Familie und Beruf sowie zur Gesundheit für unterschiedliche Zielgruppen zu bewerten und zu analysieren. Stehen die eingesetzten Programme in einem wirtschaftlichen Verhältnis und entsprechen diese den Bedürfnissen der jeweiligen Zielgruppe?

Ist der Nutzen messbar und wenn ja, wo schlägt er sich nieder und in welchem Zeitraum? Des Weiteren ist zu prüfen, ob eventuell Kooperationen mit weiteren Anbietern sinnvoll erscheinen, um die entstehenden Investitionen und den resultierenden Nutzen zu optimieren. Weitere Fragen sind: Können die eingesetzten Programme mit dem vorhandenen Personal bewältigt werden? Welche Vor- und Nachteile bringen die Programme mit sich auch unter Beachtung der Betriebsgröße? Da sich diese Fragen unter Berücksichtigung weiterer Faktoren und Kooperationspartnern nur in einem sehr aufwändigen und umfangreichen Verfahren unter Hinzuziehung der Kosten- und Nutzenanalyse bewerten lassen, beschränkt sich das nächste Unterkapitel auf die **harten Faktoren**. Daher beschäftigt sich das nächste Unterkapitel mit der Frage, ob Softwareprogramme für Wissensdatenbanken und Informations- und Kommunikationstechnologien zur Sicherung des fachlichen Wissens der Fachkräfte in der Zukunft beitragen.

6.8 Kosten-Nutzenanalyse

Wissensmanagementsysteme haben die Aufgabe, das Wissen der Mitarbeiter, d. h. die Fähigkeiten und Fertigkeiten, und mit welchen Produkten und Projekten sie sich beschäftigt haben, und welche sozialen Netzwerke sie aufgebaut haben, zu verwalten. Der Einsatz erfolgt in der Regel in Form von Personalinformationssystemen mit der Komponente eines integrierten Datenbanksystems. Diese ermöglichen es, die gespeicherten Fähigkeiten und Fertigkeiten (IST-Zustand) des einzelnen Mitarbeiters mit dem tatsächlich erforderlichen Wissensbedarf (SOLL-Zustand) aus betrieblicher Sicht abzugleichen.[246] Neben den quantitativen Merkmalen können auch qualitative Faktoren erfasst, gefiltert und ausgewertet werden. Auch immaterielle Werte - wie das Humankapitel der Mitarbeiter - lassen sich also exakt berechnen und dienen als Szenario oder Planungsmodell für die Zukunft. Somit lässt sich neben der quantitativen Personalplanung zur Bewältigung des anfallenden Aufgabenpensums auch die qualitative Personalzusammensetzung exakt erfassen und planen.[247] Team- und Projektarbeiten, die Zusammensetzung und das Einbeziehen bei der Entscheidungsfindung werden damit vereinfacht. Nachteilig wirken sich bei Projekt- und Teamarbeiten die versteckten Kosten aus.

---

[246] Vgl. Hansen, Hans, Norbert/Neumann, Gustav (2005), S. 451

[247] Vgl. Jung, Hans (2011), S. 662

Der begrenzte Zeitraum erfordert zum Erfassen bestimmter Kosten eindeutige Abrechnungssysteme.[248] Personalinformationssysteme dienen der Wettbewerbsfähigkeit und damit der Erfolgssicherung des jeweiligen Unternehmens. Mit Simulationsberechnungen und Planungsmodellen lassen sich die benötigte Zeit und die anfallenden Kosten zur Aufgabenbewältigung und Zielerreichung berechnen. Voraussetzung hierfür ist allerdings, dass die vorhandenen Personaldaten korrekt erfasst sind und dem aktuellen Stand entsprechen. Nur dann kann eine hohe Aussagekraft erreicht werden. Bei der Kaufentscheidung sind einige Kriterien zu berücksichtigen.

Die konkrete Softwareauswahl und die anfallenden Kosten hängen von der Branche und der Größe und damit verbunden von den benötigten Lizenzen sowie den individuellen Bedürfnissen des Unternehmens ab.[249] Neben der Benutzerfreundlichkeit spielt die Flexibilität und Funktionalität eine wichtige Rolle, die Auswirkungen auf die anfallenden Supportkosten, die nötige Personaleinbindung und den Schulungsbedarf haben. Zu beachten ist, dass außer den Anschaffungskosten laufende Kosten für anfallende Wartungs- und Servicearbeiten einzukalkulieren sind. Des Weiteren sind die datenschutzrechtlichen Bestimmungen zu beachten. Gerade KMU, deren Budgets finanziell begrenzt sind, können Kosten einsparen, indem sie z. B. nur einzelne Module kaufen oder diese auf Mietbasis nutzen.[250] Nachteilig wirken sich bei der Software auf Mietbasis die entstehende Abhängigkeit vom Hersteller und die zu zahlenden Mietkosten aus. Der Einsatz von Branchensoftware, die auf einen bestimmten Wirtschaftszweig zugeschnitten ist, kann sinnvoll sein, da keine unnötigen Funktionen integriert sind. Bei der Wahl einer Branchensoftware ist die Funktionalität und Flexibilität der verwendeten Funktionen gegenüber einer branchenunabhängigen Software jedoch eingeschränkt.[251]

[248] Vgl. Herrmann, Carmen Kosten und Nutzen von Wissensmanagement-Projekten in Unternehmen (2002), Seite 6, URL: http://www.community-of-knowledge.de/benutzer/carmen-herrmann/Abruf am 18.08.2013
[249] Vgl. Zdrowomyslaw, Norbert (2007), S. 149
[250] Vgl. Herrmann, Carmen Kosten und Nutzen von Wissensmanagement-Projekten in Unternehmen (2002), Seite 6, URL: http://www.community-of-knowledge.de/benutzer/carmen-herrmann/Abruf am 18.08.2013
[251] Vgl. Hansen, Hans, Norbert/Neumann, Gustav (2005), S. 589

Eine Kosten- und Nutzenanalyse ist allerdings nur schwer durchführbar. Neben den quantitativen Faktoren müssen auch weiche, also qualitative Faktoren erfasst und bewertet werden. Problematisch ist hierbei, dass sich diese nur schwer quantifizieren lassen, da sich deren Erfolg oft erst zu einem späteren Zeitpunkt und eventuell an anderer Stelle einstellt. Dies bedeutet, dass immaterielle Vermögenswerte im Rechnungswesen zu Bewertungsproblemen führen.[252] Auch der **intangible Asset-Monitor-Ansatz** von Sveiby (Ende der 1980er Jahre) berücksichtigt bei den immateriellen Vermögenswerten die Kompetenz der Mitarbeiter. Durch deren Fähigkeiten werden also materielle und immaterielle Vermögenswerte geschaffen. Die Problematik besteht darin, dass sich die Auswirkungen der getätigten Investitionen in immaterielle Werte nur bedingt aus dem Unternehmenserfolg ableiten lassen. Die Konsequenz hiervon ist, dass Kennzahlen und Ergebnisse vermischt und möglicherweise bestehende Abhängigkeiten nicht erkannt werden.[253] Eine weitere Bewertungsmöglichkeit bietet die **Unternehmenskultur**.

Der Erfolg oder Misserfolg eines Personal- bzw. Wissensmanagementsystems wird aufgrund der Förderung des Wissensaustauschs und der Wissensentwicklung stark von der Unternehmenskultur beeinflusst. Die Führungskräfte sind dabei gefordert, als Vorbildfunktion zu agieren und die Mitarbeiter entsprechend zu motivieren.[254] Ein informeller Erfahrungsaustausch zwischen den Mitarbeitern trägt zur Erzeugung und Förderung der Wissensvermittlung und Wissensverteilung bei.[255] Die Lernbereitschaft führt zu einer Wissenserweiterung und Wissensentwicklung der einzelnen Mitarbeiter und Communities. Im Gegensatz zu materiellen Werten steigt bei der Weiterentwicklung des Wissens dessen Wert.[256] Best Practices- und Leassons-Learned-Datenbanken, Erfolgsgeschichten, Szenarien-Techniken und Benchmarking sind wichtige Werkzeuge zur Wissensentwicklung.

---

[252] Vgl. Herrmann, Carmen Kosten und Nutzen von Wissensmanagement-Projekten in Unternehmen (2002), Seite 6, URL: http://www.community-of-knowledge.de/benutzer/carmen-herrmann/Abruf am 18.08.2013

[253] Vgl Lehner, Franz (2012), S. 231

[254] Vgl. Herrmann, Carmen Kosten und Nutzen von Wissensmanagement-Projekten in Unternehmen (2002), Seite 6, URL: http://www.community-of-knowledge.de/benutzer/carmen-herrmann/Abruf am 18.08.2013

[255] Vgl. Zdrowomyslaw, Norbert (2007), S. 149

[256] Vgl. Herrmann, Carmen Kosten und Nutzen von Wissensmanagement-Projekten in Unternehmen (2002), Seite 10, URL: http://www.community-of-knowledge.de/benutzer/carmen-herrmann/Abruf am 18.08.2013

Diese Tools helfen durch den Einsatz von gezieltem Wissen, die Effektivität und die Effizienz der Aufgabenbewältigung heute und in Zukunft zu steigern und das fachliche Know-how im Unternehmen zu sichern.[257] Voraussetzung dafür ist, dass die Bereitschaft und das Interesse der Mitarbeiter vorhanden ist, ihr aktuelles Wissen und die gesammelten positiven wie auch negative Erfahrungen, Problembeschreibungen, Ursachen und Lösungen zu beschreiben und offen zu dokumentieren. Neben dem täglichen Arbeitsablauf entsteht damit ein zusätzlicher zeitlicher Aufwand, der auch Datenredundanzen zur Folge haben kann. Best-Practice Lösungsstrategien bieten den Vorteil, dass „das Rad" nicht jedes Mal neu erfunden werden muss. Auch das Einarbeiten neuer Mitarbeiter wird damit vereinfacht und beschleunigt. Zum Abrufen des gespeicherten Wissens und zur Unterstützung des Informations- und Kommunikationsaustauschs eignen sich neben den klassischen E-Mail-Systemen und dem Intranet als zentraler Baustein Groupware-Systeme.[258]

Der wirtschaftliche Nutzen kann ausgewertet werden, indem die Anzahl der Zugriffe in einem bestimmten Zeitraum gemessen werden.[259] Allerdings lässt sich auch hier der Nutzen nur schwer nachvollziehen, weil man nicht weiß, ob die Anzahl der Zugriffe auch tatsächlich zu einer Wissensvermittlung und Wissenserweiterung geführt haben.

6.9 Bewertung und Handlungsempfehlung

Die Unternehmen sind in Anbetracht des bestehenden Fachkräftemangels und des fortschreitenden demographischen Wandels gefordert, ihre Attraktivität als Arbeitgeber zu erhöhen.[260] Das fachliche Know-how der Mitarbeiter wird durch den Wissens- und Erfahrungsaustausch in übergreifenden Teams und zwischen den Mitarbeitern erweitert und dient der Unternehmenssicherung. Die Ergebnisse der vorliegenden Studie zeigen, dass Wissensmanagement-Systeme, unter Voraussetzung des persönlichen Einsatzes des jeweiligen Mitarbeiters, einen wichtigen Baustein für neue Innovationseffekte bilden.

[257] Vgl. Schork, Carsten (2011), S. 36
[258] Vgl. Lehner, Franz (2009), S. 189 ff.
[259] Vgl. Herrmann, Carmen Kosten und Nutzen von Wissensmanagement-Projekten in Unternehmen (2002), Seite 4, URL: http://www.community-of-knowledge.de/benutzer/carmen-herrmann/Abruf am 18.08.2013
[260] Vgl. Kummer, Serena (2009), S. 119

Die Kommunikations- und Lernbereitschaft zwischen den verschiedenen Altersgruppen und jungen Talenten wird damit gesteigert. Diese Systeme können zu einer gesteigerten MA-Bindung und einer besseren Unternehmensidentifikation beitragen. Voraussetzung ist allerdings, dass die Unternehmenskultur den Wissens- und Erfahrungsaustausch zwischen den verschiedenen Nationalitäten und Kulturen zulässt, so dass das Vertrauen und die Zusammenarbeit der Mitarbeiter wachsen kann. Die Aufgabe der Unternehmen besteht darin, entsprechende Normen und Werte aufzustellen und einen einheitlichen Orientierungsrahmen zu schaffen.[261] Monetäre Anreize in Form von Belohnungssystemen zur Erfassung neuer Ideen in Wissensnetzwerken finden in der eigenen Untersuchung keine besonders hohe Resonanz, so dass demnach gerade KMU aufgrund ihres begrenzten finanziellen Budgets keinen Nachteil haben.[262]

Die intensive Nutzung von Informations- und Kommunikationskanälen in Form von z. B. Intranet, Teamentwicklungsmaßnahmen und Workshops ist dabei sehr wichtig, um einen gleichmäßigen, vernetzten Informationsfluss und eine hohe Transparenz für alle Mitarbeiter zu schaffen. Allerdings ersetzen diese Kanäle nicht das persönliche Mitarbeiter- oder Feedbackgespräch, das in regelmäßigen Abständen stattfinden muss, um die persönliche Wertschätzung und Anerkennung gegenüber dem einzelnen Mitarbeiter auszusprechen und damit das affektive Commitment zu erhöhen.

Die Ergebnisse der vorliegenden Studie verdeutlichen, dass die Vereinbarkeit von Familie und Beruf in den kommenden Jahren eine immer bedeutendere Rolle einnehmen, um Wettbewerbsnachteile zu vermeiden. Um die noch nicht voll ausgeschöpfte Erwerbsquote der Frauen im Arbeitsleben zu erhöhen, sind die Unternehmen an dieser Stelle zum Umdenken angehalten. Die Attraktivität der Arbeitgeber kann z. B. durch flexible Arbeitszeitmodelle, Karrieremuster, Betriebskindergärten etc. gesteigert werden. Dadurch lässt sich eine bessere Balance zwischen Familiengründung und Beruf erreichen, was sich positiv auf die Unternehmensidentifikation auswirkt. Allerdings entstehen bei der Einrichtung eines Betriebskindergartens hohe finanzielle Kosten, die für KMU oftmals nicht finanzierbar erscheinen.

[261] Vgl. Vogler, Petra/Over, Ulf/Mienert, Malte/Gröschke, Daniela (2010): Interkulturelle Studien, Seite 59 ff.
[262] Vgl. Lackner, Maximilian (2012), S. 163

Eine Variante zur Minimierung der Kosten bieten Kooperationen mit gemeinnützigen Vereinen oder die Mitfinanzierung durch öffentliche Mittel.[263] Allerdings handelt es sich hierbei um eine strategische Planung, die sich nur lohnt, wenn damit tatsächlich eine höhere Frauenbeschäftigungsquote erreicht wird.

Um letztendlich die Erwerbsfähigkeit aller Mitarbeiter bis ins Rentenalter zu erhalten, sind, wie auch die vorliegenden Ergebnisse der Studie belegen, Gesundheits- und Sportprogramme zu fördern, mit denen Fehlzeiten minimiert werden. Diese sollen eine längere Beschäftigungsdauer ermöglichen und einen vorzeitigen Tätigkeitswechsel oder einen Ausstieg aus dem Unternehmen verhindern, der den Einsatz finanzieller Ressourcen und den Fachkräftemangel zusätzlich verschärft. Die Kooperationsbereitschaft der Mitarbeiter führt zur Stärkung des „Wir-Gefühls" untereinander und beeinflusst die Unternehmenskultur positiv. Bei einem erfolgreichen Einsatz der genannten Maßnahmen steigt die Innovations- und Wettbewerbsfähigkeit signifikant, und dies sichert den Bestand des Unternehmens in der Zukunft.[264]

7 Schlussbetrachtung und Ausblick in die Zukunft

Die Ergebnisse der vorliegenden Untersuchung zeigen, dass immaterielle und soziale Leistungen in der heutigen Zeit über alle Generationen hinweg eine wichtige Bedeutung einnehmen. Das „collective mind" in Teams und Gruppen, das sich aus heterogenen Mitarbeitern zusammensetzt, wird bei der Bewältigung der anfallenden Aufgaben in der Zukunft ein fester Bestandteil sein. Diese tragen letztendlich zur interkulturellen, kollektiven Kompetenz- und Prozessentwicklung bei.[265] Die Unternehmenskultur ist daher gefordert, die Kooperation der verschiedenen Nationalitäten durch einen einheitlichen Orientierungsrahmen zu fördern.

[263] Vgl. Kummer, Serena (2009), S. 121
[264] Vgl. Lukas, Julia (2012), S. 98
[265] Vgl. Vogler, Petra/Over, Ulf/Mienert, Malte/Gröschke, Daniela (2010): Interkulturelle Studien, Seite 59 ff.

Der fortschreitende Informations- und Kommunikationsaustausch, das vernetzte Denken sowie die zunehmende Komplexität im Umgang mit Veränderungen machen es erforderlich, dass Kommunikations- und Informationssysteme über verschiedene Standorte und über die Ländergrenzen hinaus eingesetzt werden.[266] Diese fördern die interkulturellen Kompetenzen der Mitarbeiter und festigen die Kooperations- und Lernbereitschaft der Mitarbeiter, was gerade den jungen Talenten entgegenkommt. Probleme können schneller gelöst werden, was zwangsläufig zu einer Produktivitätssteigerung führt.

Das individuelle Wissen und Lernen im Team unter Nutzung von strategisch ausgerichteten Wissensmanagement-Systemen hilft dabei, dass der Wissenstransfer fließen kann und im eigenen Unternehmen verbleibt. Das abrufbare kollektive Wissen ist somit für jedermann Mitarbeiter transparent. Dieses sichert in Zeiten von Personalengpässen die Erreichung der Unternehmensziele.[267] Des Weiteren helfen Wissensmanagement-Systeme, das Qualifikationsprofil der Mitarbeiter zu erfassen, so dass die Teamkoordination, aber auch die strategische Personalplanung und Personalentwicklung vereinfacht wird. Dies wiederum trägt dazu bei, dass vorhandene Potenziale und Kompetenzen rechtzeitig erkannt und mit entsprechenden Lernkonzepten weiterentwickelt werden können.

Diversity wird infolge des demographischen Wandels ein fester Bestandteil sein, der Innovations- und Wettbewerbsvorteilen ermöglicht. Die Aufgabe der Personalentwicklung besteht darin, die Unternehmenskultur durch gemeinsame Programme mit dem Ziel zu fördern, eine verbesserte Integration und Identifikation der Mitarbeiter zu erreichen. Allerdings ist an dieser Stelle darauf aufmerksam zu machen, dass das Zusammentreffen verschiedener Nationalitäten, aber auch Generationen, zwangsläufig zu Konflikten führen kann. Ein einheitlicher Orientierungsrahmen, fest verankerte Werte und Normen sowie eine vorbildliche Unternehmenskultur können jedoch dazu beitragen, dass Konflikte reduziert und eventuell vorhandene Vorurteile abgebaut werden. Eine starke Unternehmensidentität erzeugt bei den Mitarbeitern eine erhöhte Arbeitszufriedenheit und Leistungsbereitschaft.

---

[266] Vgl. Lehner, Franz (2009), S. 243
[267] Vgl. Schork, Carsten (2011), S. 64

Das Humankapital „Mensch“ und damit verbunden der individuelle Kommunikationsaustausch wird auch zukünftig das wichtigste Gut sein, das nicht durch moderne Informations- und Kommunikationstechnologien ersetzt werden kann. Hier haben KMU gegenüber Großunternehmen aufgrund ihrer Betriebsgröße und den flachen Hierarchien einen klaren Vorteil, denn dies erleichtert den persönlichen Kontakt zu ihren Mitarbeitern.[268]

Das erzielte Umfrageergebnis und die Aussagefähigkeit dieser Studie müssen jedoch kritisch betrachtet werden. Die Ergebnisse basieren auf einem explorativen Ansatz und einem kleinen Sample von zwanzig Personen. Dieses setzt sich aus Kommilitoninnen und Kommilitonen und Personalleiter/innen der Firma XYZ zusammen und basiert auf einer heterogenen Stichprobe. Um die Aussagekraft der Umfrage zu erhöhen, müsste bei einer nachfolgenden Untersuchung der Umfragekreis deutlich erweitert werden. Des Weiteren müssten die Unterschiede zwischen der Generation X und Y exakt differenziert und gemessen werden. Dadurch könnte eine deutlich höhere Aussagekraft und Verallgemeinerbarkeit der Ergebnisse erreicht werden. Eine weitere Variante wäre, die Umfrage auf der Grundlage einer Delphi-Methode durchzuführen, was sich jedoch allein angesichts der Anzahl der Delphi-Runden als sehr aufwändig hinsichtlich der benötigten Zeit gestaltet. Jedoch ist an dieser Stelle zu erwähnen, dass das hier erreichte Ergebnis, auch wenn es nur einen kleinen Ausschnitt darstellt, zumindest einen Hinweis darauf gibt, welche Personalinstrumente aus Sicht der HR-Verantwortlichen als wichtig erscheinen, um dem Fachkräftemangel entgegenzuwirken und die Mitarbeiter stärker an das Unternehmen zu binden.

Als Ausblick für die Zukunft kann den Unternehmen mit auf den Weg gegeben werden, dass sie zum Erreichen ihrer Unternehmensziele die Bedürfnisse ihrer Mitarbeiter stärker berücksichtigen sollten. Die Unternehmen stehen in der Verantwortung, die Vereinbarkeit von Familie und Beruf proaktiv durch den Einsatz entsprechender strategischer CSR-Programme zu fördern, auch und vor allem im Hinblick auf die MINT-Berufe.

---

[268] Vgl. Bahrs, Julian/Schmid, Simone/Müller, Claudia (2007), S. 15

Home-Arbeitsplätze, flexiblere Arbeitszeitmodelle und lukrative Sozialleistungen helfen dabei, die Erwerbsquote junger, qualifizierter Fachkräfte zu erhöhen, was auch zur gesamten Wertschöpfung positiv beiträgt. Um die vorhandenen Fachkräfte bis ins Rentenalter im Erwerbsleben halten zu können, sind Investitionen in Arbeits- und Gesundheitsschutzprogramme zwingend notwendig, auch um einen Wettbewerbsnachteil zu vermeiden. Nur mit dem Einsatz gesunder und leistungsfähiger Mitarbeiter kann die Produktivität bei immer knapper werdenden Arbeitsressourcen in der Zukunft erhalten oder gesteigert werden.[269] Aber auch die jungen Talente sind durch eine verantwortungsvolle Aufgabe, entsprechende Programme und dem Einsatz moderner Lernstrategien an das Unternehmen zu binden. Nur so kann eine Abwanderung ins Ausland verhindert werden. Als wirtschaftlicher Entwicklungsfaktor tragen ihr Wissen und ihre Qualifikation maßgeblich zu Innovationen bei. Ihr Humankapital trägt außerdem zu einer Steigerung des Unternehmenswerts bei und ermöglicht es, neue Absatzwege zu erschließen.[270] Die Unternehmen müssen also lernen, umzudenken und auf Unternehmenskooperationen anstelle von „Alleingang" zu setzen. Durch den Ausbau von Unternehmensnetzwerken lassen sich der organisatorische und damit auch der finanzielle Aufwand minimieren, wovon gerade KMU mit begrenzten finanziellen Ressourcen profitieren. Unterschiedliche Unternehmenskulturen tragen langfristig zur Sicherung und Steigerung der fachlichen, methodischen und sozialen Kompetenz bei und helfen das gemeinsame Ziel zu erreichen, was wiederum die Wettbewerbsfähigkeit und Innovationsfähigkeit steigert und die Nachhaltigkeit sichert.[271]

Abschließend kann festgehalten werden, dass eine vorbildlich gelebte Unternehmenskultur und Corporate Identity, die von der Unternehmensebene unter Einbeziehung aller Mitarbeiter und der Berücksichtigung von deren Vorschlägen ausgeht, der Schlüssel zum Erfolg ist. Diese trägt maßgeblich dazu bei, dass die gesetzten Unternehmensziele trotz des fortschreitenden demographischen Wandels - auch in der Zukunft - erreicht werden können.

[269] Vgl. Kummer, Serena (2009), S. 121
[270] Vgl. Faix, Werne, G./Schulten, Annette/Djalali, Ardin/Hammer, Claus-Peter/Golisch, Christine 2008), S. 57
[271] Vgl. Nesemann, Kerstin (2012), S. 117

Anhang

Anhang 1: Aufbau des Fragebogens

1. **Welche Instrumente sind aus deiner Sicht als HR-Verantwortliche/r wichtig, dass Fachkräfte ihr individuelles fachliches Wissen und Können dem Unternehmen zur Verfügung stellen? (Pflichtfrage)**

1 = sehr wichtig 5 = sehr unwichtig

	1	**2**	**3**	**4**	**5**	**weiß nicht**
Erfahrungsaustausch mit Kolleginnen und Kollegen in Form von z. B. Kaffee-Ecken, Kantine, Zigarettenpause	☐	☐	☐	☐	☐	☐
Erfahrungsaustausch mit Vorgesetzten	☐	☐	☐	☐	☐	☐
Informeller Erfahrungsaustausch zwischen Mitarbeitern	☐	☐	☐	☐	☐	☐
Einsatz moderner Technologien zum Wissensaustausch in Form von z. B. Intranet, Diskussionsforen, E-Mail	☐	☐	☐	☐	☐	☐
Wissens- und Erfahrungsaustausch in übergreifenden Teams	☐	☐	☐	☐	☐	☐
Erfahrungsaustausch durch Job Rotation	☐	☐	☐	☐	☐	☐
Erfahrungsaustausch durch Wissensnetzwerke und Expertengruppen	☐	☐	☐	☐	☐	☐
Austausch in Projekt-Teams	☐	☐	☐	☐	☐	☐
Einsatz von Belohnungssystemen, um neue Ideen zu erfassen und weiterzugeben	☐	☐	☐	☐	☐	☐
Die Organisationsstruktur unterstützt das Teilen von Wissen in der Weise, dass z. B. Vorschläge nicht blockiert werden	☐	☐	☐	☐	☐	☐

Freie Antwortmöglichkeit zur Frage 1

2. Wie werden sich aus deiner Sicht als HR-Verantwortliche/r die berufsbezogenen Kompetenzen in einem Unternehmen für den Einzelnen bis zum Jahr 2020 verändern? Nenne bitte die drei wichtigsten Kompetenzen aus deiner Sicht!

- ☐ Fachliche Kompetenz
- ☐ Sprachliche Kompetenz
- ☐ Umgang mit Informations- und Kommunikationstechnologie
- ☐ Multikulturelle Kompetenz
- ☐ Emotionale Kompetenz
- ☐ Team- und Kooperationsfähigkeit
- ☐ Umgang mit Veränderungen
- ☐ Umgang mit Komplexität und vernetztes Denken
- ☐ Sonstiges - Bitte begründen!

Freie Antwortmöglichkeit zur Frage 2

3. Wie werden sich aus deiner Sicht als HR-Verantwortliche/r die folgenden Personalentwicklungsinstrumente in einem Unternehmen für den Einzelnen bis zum Jahr 2020 entwickeln? Nenne bitte die drei wichtigsten Instrumente aus deiner Sicht!

- ☐ Training in Zusammenarbeit in- und zwischen Teams
- ☐ Monetäre Anreizinstrumente
- ☐ Individuelle Feedbacksysteme (Zielvereinbarungsgespräche, Jahresgespräche, 360 Grad-Feedback)
- ☐ E-Learning/ Blended Learning
- ☐ Web-Based-Training
- ☐ Virtuelle Klassenräume
- ☐ Mobile Apps
- ☐ Job Rotation
- ☐ Coaching
- ☐ Social Networks
- ☐ Wikis
- ☐ Blogs & Webblogs
- ☐ Twitter
- ☐ Sonstiges - Bitte begründen!

Freie Antwortmöglichkeit zur Frage 3

4. Welche der folgenden drei Wichtigkeiten nehmen aus deiner Sicht als HR-Verantwortliche/r die Verbindung zwischen Unternehmenskultur und Gesundheit in der Zukunft ein? Nenne bitte die drei wichtigsten Verbindungen!

- ☐ Umfangreiche Sport- und Gesundheits-Management-Programme werden einen wichtigen Teil der Unternehmenskultur einnehmen und die Kooperation fördern.
- ☐ Eine starke Unternehmensidentifikation lässt eine höhere Bereitschaft entstehen, sich gesundheitsbewusster zu verhalten.
- ☐ Gesundheitsthemen und Präventionsmaßnahmen stärken die Zusammenarbeit und tragen zur Sicherung der Gesundheit bei.
- ☐ Die Vereinbarkeit von Beruf und Familie wird durch entsprechende Programme (flexible Arbeitszeitmodelle, Betriebskindergärten, Einkaufs- und Wäscheservice) gefördert, wodurch die Unternehmensidentifikation erhöht wird.
- ☐ Das Einhalten von Regeln und Normen im Gesundheitsbereich verpflichtet zur Verantwortungsübernahme und stärkt den Zusammenhalt.
- ☐ Lukrative Angebote an Sozialleistungen werden die Unternehmensidentifikation in der Zukunft erhöhen.
- ☐ Sonstiges - Bitte begründen!

Freie Antwortmöglichkeit zur Frage 4

5. Geschlecht (Pflichtfrage)

- ☐ Weiblich
- ☐ Männlich

6. Wie alt bist du (Pflichtfrage)

- ☐ Unter 25 Jahre
- ☐ 25 - 35 Jahre
- ☐ Über 35 Jahre

7. In welcher Branche bist du beschäftigt (Pflichtfrage)

- ☐ Öffentliche Verwaltung
- ☐ Kredit- und Versicherungsgewerbe
- ☐ Dienstleistungsbranche
- ☐ Fahrzeugbau
- ☐ Metallerzeugung und -bearbeitung
- ☐ Maschinenbau
- ☐ Chemische Industrie
- ☐ Verlagsgewerbe
- ☐ Bauwirtschaft
- ☐ Elektrobranche
- ☐ Logistik
- ☐ Medizin- Mess- und Regelungstechnik
- ☐ Handel/Reparatur
- ☐ Ernährungsgewerbe
- ☐ Sonstiges: ____________

8. Unternehmensgröße (Pflichtfrage)

- ☐ Unternehmensgröße bis zu 49 Beschäftigte
- ☐ Unternehmensgröße von 50 bis 249 Beschäftigte
- ☐ Unternehmensgröße mit 250 Beschäftigte und mehr

Anhang 2: Auswertung des Fragebogens

Auswertung zur Sicherung des fachlichen Wissens und Könnens - Berechnung des Mittelwerts - zur Frage 1:

Welche Instrumente sind aus deiner Sicht als HR-Verantwortliche/r wichtig, dass Fachkräfte ihr individuelles fachliches Wissen und Können dem Unternehmen zur Verfügung stellen? (Pflichtfrage)

Fragen zur Sicherung des fachlichen Wissens und Könnens	MW	Mdn	V	SD
Erfahrungsaustausch mit Kolleginnen und Kollegen in Form von z. B. Kaffee-Ecken, Kantine, Zigarettenpause	2,65	8,5	28,483	5,337
Erfahrungsaustauch mit Vorgesetzten	1,89	2,5	14,960	3,868
Informeller Erfahrungsaustausch zwischen Mitarbeitern	1,85	3	12,428	3,525
Einsatz moderner Technologien zum Wissensaustausch in Form von z. B. Intranet, Diskussionsforen, E-Mail	2,05	7	7,944	2,738
Wissens- und Erfahrungsaustausch in übergreifenden Teams	1,80	3,5	9,771	3,126
Erfahrungsaustausch durch Job Rotation	2,50	6	8,844	2,974
Erfahrungsaustausch durch Wissensnetzwerke und Expertengruppen	2,10	12,5	17,500	4,183
Austausch in Projekt-Teams	1,85	5	7,795	2,792
Einsatz von Belohnungssystemen, um neue Ideen zu erfasse und weiterzugeben	2,75	10	9,642	3,105
Die Organisationsstruktur unterstützt das Teilen von Wissen in der Weise, dass z. B. Vorschläge nicht blockiert werden	1,89	6	3,800	1,949

MW=Mittelwert / Mdn= Median / V=Varianz / SD=Standardabweichung

Tabelle 11: Auswertung des Fragebogens zur Frage 1
Quelle: eigene Darstellung in Anlehnung an http://www.q-set.de [2013]

Darstellung der Mittelwerte zur Sicherung des fachlichen Wissens und Könnens

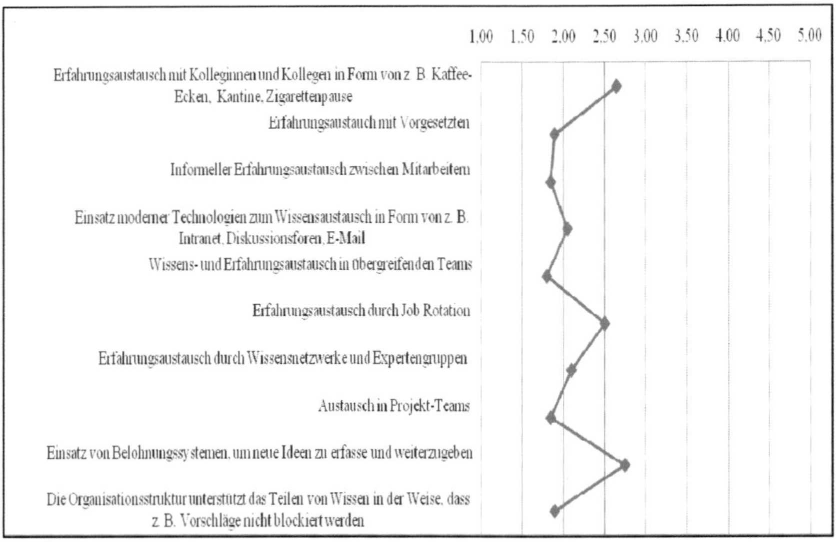

Abbildung 18: Diagramm zur Sicherung des fachlichen Wissens und Könnens
Quelle: eigene Darstellung

Auswertung der drei wichtigsten Kompetenzen zur Frage 2:

Wie werden sich aus deiner Sicht als HR-Verantwortliche/r die berufsbezogenen Kompetenzen in einem Unternehmen für den Einzelnen bis zum Jahr 2020 verändern?

Veränderung der berufsbezogenen Kompetenzen bis zum Jahre 2020	Anzahl
Fachliche Kompetenz	10
Sprachliche Kompetenz	2
Umgang mit Informations- und Kommunikationstechnologie	14
Multikulturelle Kompetenz	4
Emotionale Kompetenz	5
Team- und Kooperationsfähigkeit	7
Umgang mit Veränderungen	10
Umgang mit Komplexität und vernetztes Denken	9
Sonstiges - Bitte begründen!	0

Tabelle 12: Auswertung des Fragebogens zur Frage 2
Quelle: eigene Darstellung in Anlehnung an http://www.q-set.de [2013]

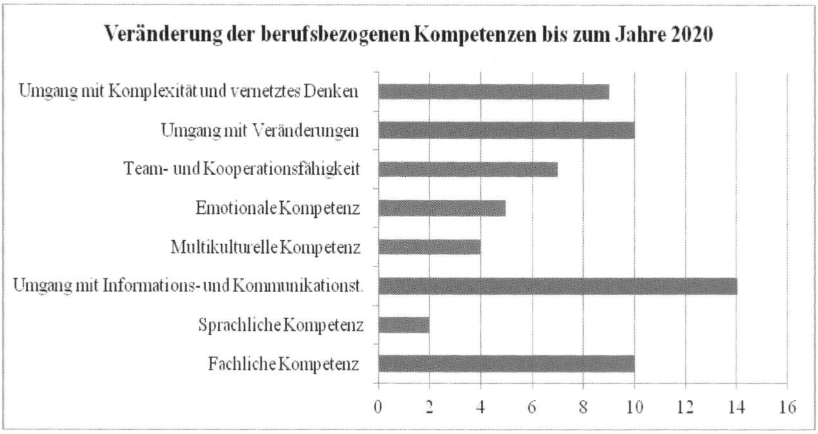

Abbildung 19: Veränderung der berufsbezogenen Kompetenzen bis zum Jahr 2020
Quelle: eigene Darstellung

<u>Auswertung der drei wichtigsten Personalentwicklungsinstrumente zur Frage 3:</u>

Wie werden sich aus deiner Sicht als HR-Verantwortliche/r die folgenden Personalentwicklungsinstrumente in einem Unternehmen für den Einzelnen bis zum Jahre 2020 entwickeln? Nenne bitte die drei wichtigsten Instrumente aus deiner Sicht!

Veränderung der Personalentwicklungsinstrumente bis zum Jahre 2020	Anzahl
Training in Zusammenarbeit in- und zwischen Teams	11
Monetäre Anreizinstrumente	4
Individuelle Feedbacksysteme (Zielvereinbarungsgespräche etc.)	15
E-Learning	6
Web-Based-Training	6
Virtuelle Klassenräume	0
Mobile Apps	4
Job Rotation	3
Coaching	4
Social Networks	5
Wikis	0
Blogs & Webblogs	0
Twitter	0

Tabelle 13: Auswertung des Fragebogens zur Frage 3
Quelle: eigene Darstellung in Anlehnung an http://www.q-set.de [2013]

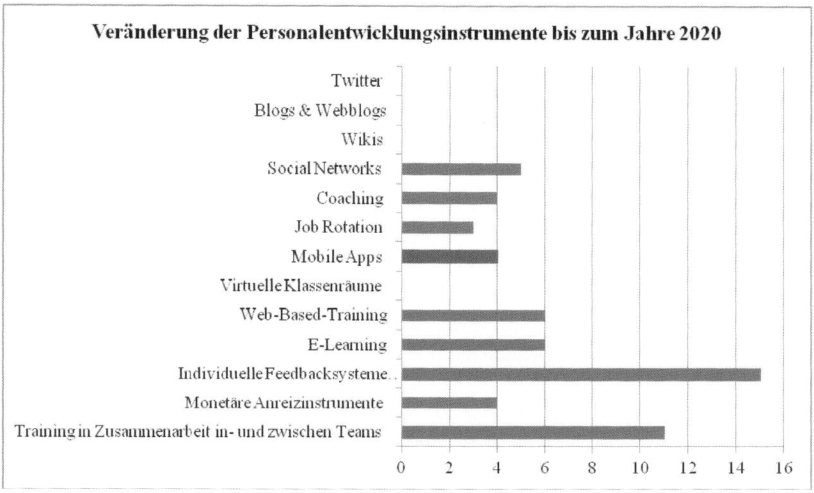

Abbildung 20: Veränderung der Personalentwicklungsinstrumente
Quelle: eigene Darstellung

Auswertung der drei wichtigsten Verbindungen zwischen Unternehmenskultur und Gesundheit zur Frage 4:

Welche der folgenden drei Wichtigkeiten nehmen aus deiner Sicht als HR-Verantwortliche/r die Verbindung zwischen Unternehmenskultur und Gesundheit in der Zukunft ein? Nenne bitte die drei wichtigsten Verbindungen!

Verbindung zwischen Unternehmenskultur und Gesundheit in der Zukunft	Anzahl
Umfangreiche Sport- und Gesundheits-Management-Programme werden einen wichtigen Teil der Unternehmenskultur einnehmen und die Kooperation fördern.	14
Eine starke Unternehmensidentifikation lässt eine höhere Bereitschaft entstehen, sich gesundheitsbewusster zu verhalten	6
Gesundheitsthemen und Präventionsmaßnahmen stärken die Zusammenarbeit und tragen zur Sicherung der Gesundheit bei.	6
Die Vereinbarkeit von Beruf und Familie wird durch entsprechende Programme (flexible Arbeitszeitmodelle, Betriebskindergärten, Einkaufs- und Wäscheservice) gefördert, wodurch die Unternehmensidentifikation erhöht wird.	19
Das Einhalten von Regeln und Normen im Gesundheitsbereich verpflichtet zur Verantwortungsübernahme und stärkt den Zusammenhalt	4
Lukrative Angebote von Sozialleistungen werden die Unternehmensidentifikation in der Zukunft erhöhen.	10

Tabelle 14: Auswertung des Fragebogens zur Frage 4
Quelle: eigene Darstellung in Anlehnung an http://www.q-set.de [2013]

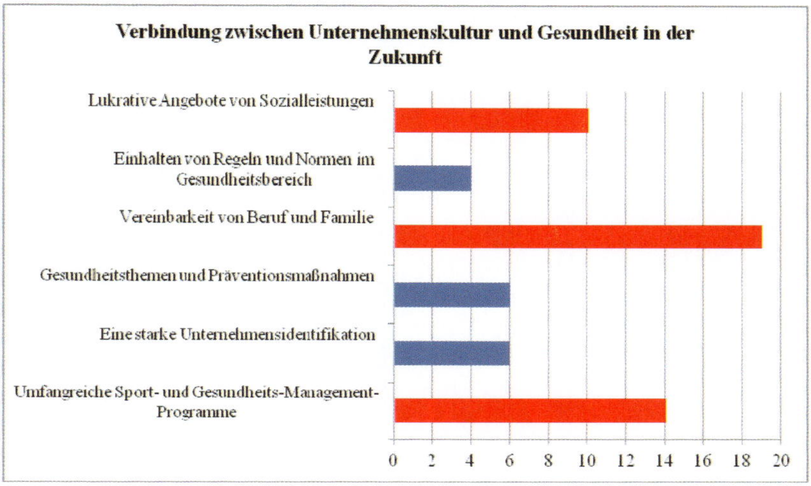

Abbildung 21: Verbindung zwischen Unternehmenskultur und Gesundheit
Quelle: eigene Darstellung

Auswertung der Strukturfragen

Frage 5 und 6: Zusammensetzung nach Geschlecht und Alter

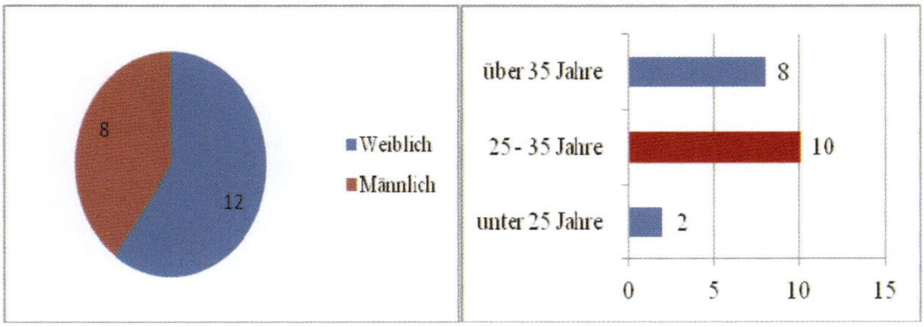

Abbildung 22: Zusammensetzung nach Geschlecht und Alter
Quelle: eigene Darstellung

Frage 7: Branchenzusammensetzung

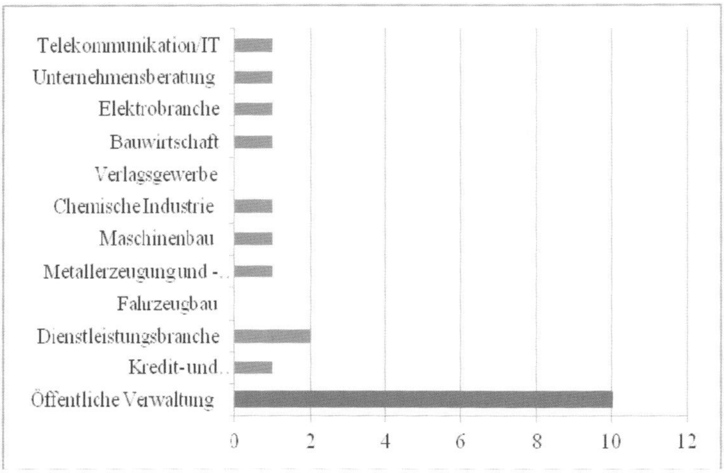

Abbildung 23: Branchenzusammensetzung
Quelle: eigene Darstellung

Frage 8: Zusammensetzung nach Unternehmensgröße

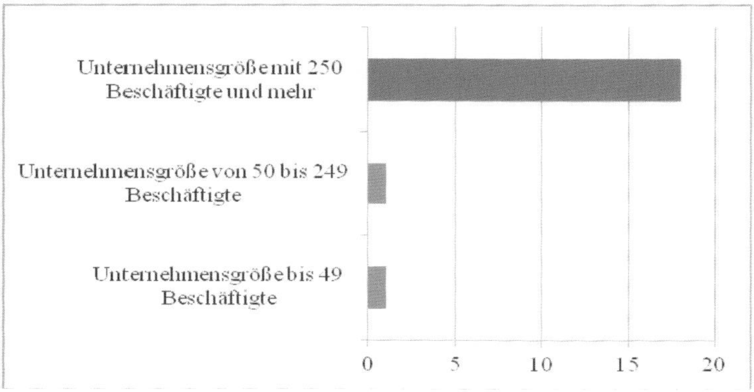

Abbildung 24: Zusammensetzung nach Unternehmensgröße
Quelle: eigene Darstellung

Anhang 3:

Die nachfolgende Abbildung zeigt einen wahrscheinlichen Zusammenhang zwischen der Organisationsstruktur, die das Teilen von Wissen unterstützt und dem Wissens- und Erfahrungsaustausch in übergreifenden Teams.

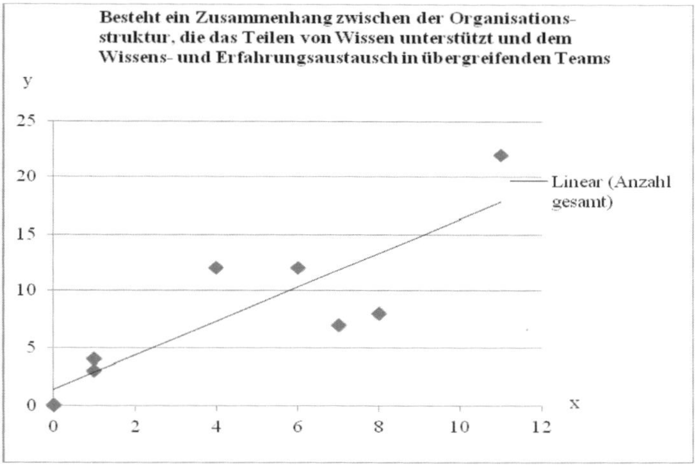

Abbildung 25: Korrelationsdiagramm - positive Steigung -
Quelle: eigene Darstellung

Anhang 4:

Die nachfolgende Abbildung zeigt im Vergleich zur vorherigen Abbildung 25 einen deutlich stärkeren wahrscheinlichen Zusammenhang zwischen der Organisationsstruktur, die das Teilen von Wissen unterstützt und dem informellen Erfahrungsaustausch zwischen Mitarbeitern.

Abbildung 26: Korrelationsdiagramm - positive Steigung -
Quelle: eigene Darstellung

Literaturverzeichnis

A. Monographien

Arlinghaus, Olaf/Eickmeier, Kerstin (2007): Praxishandbuch Turnaround-Management, Wiesbaden, 2007

Armutat, Sascha (2004): Retentionmanagement, Bielefeld, 2004

Bahrs, Julian/Schmid, Simone/Müller, Claudia (2007): Wissensmanagement in der Praxis: Ergebnisse einer empirischen Untersuchung, Berlin 2007

Beyer, Lothar/Frick, Detlev/Gadatsch, Andreas/Paul, Hansjürgen (2003): Vom E-Business zur E-Society: New Economy im Wandel, München, 2003

Bortz, Jürgen/Döring Nicola (2006): Forschungsmethoden und Evaluation für Human- und Sozialwissenschaftler, 4. überarbeitete Auflage, Berlin, 2006

Brandenburg, Uwe/Domschke, Jörg-Peter (2007): Die Zukunft sieht alt aus: Herausforderungen des demografischen Wandels für das Personalmanagement, Wiesbaden, 2007

Bruch, Heike/Kunze, Florian/Böhm, Stephan (2010): Generationen erfolgreich führen: Konzepte und Praxiserfahrung zum Management des demografischen Wandels, Wiesbaden, 2010

Chalupa, Martina (2007): Motivation und Bindung von Mitarbeitern im Darwiportunismus, München, 2007

Deller, Jürgen/Kern, Stefanie/Hausmann, Esther/Diederichs, Yvonne (2008): Personalmanagement im demografischen Wandel, Heidelberg, 2008

Enaux, Claudius /Henrich, Fabian (2011): Strategisches Talent-Management: Talente systematisch finden, entwickeln und binden, Freiburg, 2011

Faix, Werner, G./Schulten, Annette/Djalali, Ardin/Hammer, Claus-Peter/Golisch, Christine (2008): Management von Wachstum und Globalisierung, Band 2, Stuttgart, 2008

Franz, Otmar (2013): Fachkräftemangel im deutschen Mittelstand und Integration / RKW-Kuratorium, Eschborn, 2013

Gerhards, Sandra/Trauner, Bettina (2010): Wissensmanagement : 7 Bausteine für die Umsetzung in der Praxis, 4. Auflage, München, 2010

Hack, Andreas (2011): Monetäre Anreizgestaltung in Gründungsunternehmen, Wiesbaden, 2011

Hansen, Hans, Robert/Neumann, Gustaf (2005): Wirtschaftsinformatik 1, Grundlagen und Anwendungen, 9. Auflage, Kiel/Tübingen, 2004

Herleth, Tatjana (2008): Mitarbeiterbindung durch Belegschafts-Versicherungen, Hamburg, 2008

Hofe vom, Anja (2005): Strategien und Maßnahmen für ein erfolgreiches Management der Mitarbeiterbindung, Hamburg, 2005

Hoffmann, Marina/Maaß, Frank (2008): Institut für Mittelstandsforschung Bonn, Jahrbuch zur Mittelstandsforschung, Bonn, 2008

Jung, Hans (2011): Personalwirtschaft, 9. Auflage, Oldenbourg, 2011

Kluge, Jürgen (2002): Wissen entscheidet: wie erfolgreiche Unternehmen ihr Know-how managen, Frankfurt, 2003

Kolb, Meinulf/Burkart, Brigitte/Zundel, Frank (2010): Personalmanagement, 2. Auflage, Wiesbaden, 2010

Kotler, Philipp/Armstrong, Gary/Wong, Veronica/Saunders, John (2011): Grundlagen des Marketing, 5. Auflage, München, 2011

Kummer, Serena (2009): SWOT-gestützte Analyse des Konzepts der Corporate Social Responsibility, Norderstedt, 2009

Lackner, Maximilian (2012): Talent-Management spezial, Wiesbaden, 2012

Lehner, Franz (2009): Wissensmanagement: Grundlagen, Methoden und technische Unterstützung, 3. Auflage, München, 2009

Lindner-Lohmann, Doris/Lohmann, Florian/Schirmer, Uwe (2008): Personalmanagement, Heidelberg, 2008

Loffing, Dina/Loffing, Christian (2010): Mitarbeiterbindung ist lernbar, Berlin, 2010

Lukas, Julia (2012): Personalpolitische Handlungsalternativen mit älteren Arbeitnehmern in Unternehmen vor dem Hintergrund der demographischen Entwicklung in Deutschland, Wiesbaden, 2011

Maaß, Frank (2010): Institut für Mittelstandsforschung Bonn, Wirtschaftspolitische Ansätze zur Unterstützung von Corporate Social Responsibilty-Aktivitäten, IfM-Materialien 194, Bonn, 2010

Mandl, Heinz/Reinmann-Rothmeier, Gabi (2000): Wisensmanagement: Informationszuwachs-Wissensschwund?, München, 2000

Meifert, Matthias, T. (2008): Strategische Personalentwicklung: ein Programm in acht Etappen, Berlin, 2008

Moosbrugger, Helfried/Keleva, Augustin (2007): Testtheorie und Fragebogenkonstruktion, Heidelberg, 2007

Nesemann, Kerstin (2012): Talentmanagement durch Trainee-Programme: Auswirkungen der Gestaltungsmerkmale auf den Programmerfolg, Wiesbaden, 2011

Neßler, Christian/Bartelt, Katja (2013): Die Bedeutung eines nachhaltigen SCM für die Umsetzung von CSR in der Unternehmensstrategie, Köln, 2012

Neuhaus, Astrid (2010): Das „Arbeitnehmerkündigungsverhalten“ als Teilaspekt einer allgemeinen Theorie von Fluktuation, Münster, 2010

Parment, Anders (2009): Die Generation Y - Mitarbeiter der Zukunft: Herausforderung und Erfolgsfaktor für das Personalmanagement, Wiesbaden, 2009

Porst, Rolf (2008): Fragebogen: ein Arbeitsbuch, Wiesbaden, 2008

Preißing, Dagmar, (2010): Erfolgreiches Personalmanagement im demografischem Wandel, München, 2010

Prezewowsky, Michel (2007): Demografischer Wandel und Personalmanagement: Herausforderungen und Handlungsalternativen vor dem Hintergrund der Bevölkerungsentwicklung, Wiesbaden, 2007

Pröbiuß, Christian (2012): Analyse der Bedeutung dispositiver Faktoren für die Viabilität der Arbeitsmarktpolitik, Band 4, Hamburg, 2012

Probst, Gilbert, J. B./Raub, Steffen/Romhard, Kai (2010): Wissen managen: wie Unternehme ihre wertvollste Ressource optimal nutzen, 6. Auflage, Wiesbaden, 2010

Renner, Karl-Heinz/Heydasch Timo/Ströhlein, Gerhard (2012): Forschungsmethoden der Psychologie: von der Fragestellung zur Präsentation, Wiesbaden, 2012

Rieckmann, Marco (2010): Die globale Perspektive der Bildung für eine nachhaltige Entwicklung: eine europäisch-lateinische Studie zu Schlüsselkompetenzen, Band 7, Berlin, 2010

Rump, Jutta/Eilers, Silke (2012): Die jüngere Generation in einer alternden Arbeitswelt: Baby Boomer versus Generation Y, Ludwigshafen, 2012

Salzmann, Thomas (2010): Wirtschaftspolitische Herausforderungen des demografischen Wandels, Wiesbaden, 2010

Schneider, Andreas/Schmidpeter, René (2012): Corporate Social Responsibility: Verantwortungsvolle Unternehmensführung in Theorie und Praxis, Berlin, 2012

Scholl, Wolfgang/Heisig, Peter (2003): Delphy Study on the futrue of Knowledge Management - overwie of the results -, 2. Auflage, Berlin, 2003

Schork, Carsten (2011): Integriertes Wissensmanagement in klein- und mittelständischen Unternehmen (KMU) aus dem Dienstleistungssektor mit dezentralen Strukturen, Köln/Duisburg, 2011

Schulz, Erik (2007): Wissensmanagement in Organisationen - Netzwerke als Erfolgsfaktor : Entwicklung eines Wissensmanagement-Konzeptes für die Berliner GASAG AG mit Schwerpunkt auf Bildung und Unterstützung sozialer Netzwerke zur Stärkung des unternehmens-internen Wissenstransfers, Wiesbaden, 2007

Staehle, Wolfgang, Herbert (1999): Management, 8. Auflage, München, 1999

Szebel-Habig, Astrid (2004): Mitarbeiterbindung: Auslaufmodell Loyalität? Mitarbeiter als strategischer Erfolgsfaktor, Weinheim, 2004

Veen, Stehphan (2008): Demographischer Wandel, alternde Belegschaft und Betriebsproduktivität: betriebliche Gestaltungsfelder für Unternehmen, München, 2008

Werner, Kathleen (2011): Work-Life-Balance in alternden Belegschaften, München, 2011

Wucknitz, Uwe, D./ Heyse, Volker (2008): Retention-Managment: Schlüsselkräfte entwicklen und binden, Münster, 2008

Zehrfeld, W. Axel (2012): Fachkräftesicherung: Situation-Handlungsfelder-Lösungen, Frankfurt, 2012

Zdrowomyslaw, Norbert (2007): Personalcontrolling: der Mensch im Mittelpunkt, Gernsbach, 2007

B. Fachzeitschriftenaufsatz

Baier, Elisabeth (2008): Zukünftige Entwicklung des Einsatzes von semantischen Technologien im Wissensmanagement von KMU bis 2020, in: Semantische Technologien in Wissensmanagementlösungen - Einsatzpotenziale für den Mittelstand, 2008, Band 13, S. 43 ff.

Baillod, Jürg (1992): Fluktuation bei Computerfachleuten, Eine Längsschnittuntersuchung über die Beziehungen zwischen Arbeitssituation und Berufsverläufen, in: Zeitschrift für Arbeits- und Organisationspsychologie, 1994, Jg. 38, H. 4, S. 48

Breitschopf, Klaus/Rump, Jutta: (2012/2013): Schwerpunkt Mitarbeiterbindung/Employer Branding, in: HR-Report 2012/2013 Schwerpunkt Mitarbeiterbindung, eine empirische Studie des Instituts für Beschäftigte und Employability, IBE, im Aufrag der Hays AG, Ausgabe 2012/2013, S. 8-21

Bruns, Beate/König, Andreas (2008/2009): Die zukünftige Entwicklung von Personal-, Informations- und Trainingsmanagement, in: Trends revisited, E-HRM und Gedanken zur Soziologie der Weiterbildung, 2008/2009, S 19

Bundesministerium für Bildung und Forschung (BMBF) (2012), Entwicklung der Weiterbildungsbeteiligung nach verschiedenen Personengruppen, in: Weiterbildungsverhalten Deutschland, AES 2012 Trendbericht, Februar 2013, S. 1 und S. 36

Bundesministerium für Familie, Senioren, Frauen und Jugend, Prognos AG (2008): Altersübergreifende Zusammenarbeit, in: Studie: Erfahrung rechnet sich - Aus Kompetenzen Älterer Erfolgsgrundlage schaffen -, Augabe November 2008, S. 50

Demary, Markus/Erdmann, Vera, Fachkräftemangel in Europa, wandern wegen des Jobs, in: Institut der deutschen Wirtschaft Köln (2012), iw-Dienst Nr. 35 vom 30.08.2012, S. 6

Deutsche Gesellschaft für Personalführung e.V. (2011:) Lernen und Weiterbindung, in: Zwischen Anspruch und Wirklichkeit: Generation Y finden, fördern und binden, November 2011, S. 36

Göbel, Christian, Centre for European Economic, Zwick, Thomas, Ludwig-Maximilians-University (2010): Which Personnel Measures are Effective Increasing Productitivity of Old Workers, in: Centre for European Economic Research (ZEW); Catholic University of Louvain (UCL), Discussion Paper No 10-069, Page 5-6

Goertz, Lutz (2012): Darstellung der Nutzung von Formen des digitalen Lernens im Unternehmen in formellen und informellen Lernsituationen, in: Indikatorengestützte Zeitreihe über die Nutzung digitaler Medien in der beruflichen Aus- und Weiterbildung, November 2012, S. 13 ff.

Haasis, Klaus/Buchholz, Andrea (2009): Talente fördern und Fachkräfte binden, in: Digitale Wege zu neuen Märkten, S. 163

Hinding, Barbara/Kastner, Michael (2011): Lokale Theorien und Hypothesen zum Zusammenhang von Unternehmenskultur und Gesundheitskompetenz,in: Gestaltung von lernförderlichen Unternehmenskulturen zu Sicherheit und Gesundheit bei der Arbeit, Forschung-Projekt F 2188, S. 104-105

Huf, Stefan (2012): Ursachen der Fluktuation verstehen, Mitarbeiterbindung optimieren, in: Forschungsbeiträge aus Forschung & Entwicklung, Personalführung 03/2012, S. 34-36

Krill, Malte (2012) Studienübergreifende Analyse der berücksichtigenden Determinanten bei der Fluktuation, in: Mitarbeiterbindung als Umkehrung von Fluktuation: Implikationen der Fluktuationsdeterminantenforschung, Zeitschrift für Management, Ausgabe Juni 2012, 6: 401- 425

Mischke Johanna (2012): Studierende in MINT-Studiengängen Deutschland, in: Statistisches Bundesamt, Frauen und Männer auf dem Arbeitsmarkt Deutschland und Europa, Ausgabe 2012, S. 22

Pawlowsky, Peter/Gözalan, Aylin/Schmid/Simone (2011): Maßnahmnen zur Wissensbewahrung, in: Forschungsstelle Organisationale Kompetenz und Strategie (FOKUS), Wettbewerbsfaktor Wissen: Managementpraxis von Wissen und Intellectual Capital in Deutschland, Ausgabe August 2011, S. 6 ff.

Schermuly, Carsten, Christoph/Schröder, Tobias/Nachtwei, Jens/Kauffeld, Simone/ Gläs, Karl (2012): Zukunftsszenarien zur Personalentwicklung im Jahr 2020, in: Die Zukunft der Personalentwicklung - Eine Delphi-Studie - Zeitschrift für Arbeits- und Organisationspsychologie, S. 120

Vogler, Petra/Over, Ulf/Mienert, Malte Gröschke, Damiela (2010), Forschungsleiende Fragestellungen, in: Aktuelle Beiträge zur interkulturellen Kompetenzforschung, Jg. 9, Ausgabe 12, Seite 59 ff.

C. Internetquellen

Anger, Christina/Erdmann, Vera/Plünnecke, Axel (2011): MINT-Trendreport, http://www.iwkoeln.de/de/studien/gutachten/beitrag/63391, Abruf am 13.04.2013

Bundesministerium für Arbeit und Soziales (BMAS), Öffentlichkeitsarbeit und Internet (2012): Das Portal zur Fachkräfte Offensive, Berlin 2012, URL: http://www.fachkraefte-offensive.de/SharedDocs/Downloads/PDF/T/themenheft-fachkraefte-2012-11-01.pdf?__blob=publicationFile, Abruf am 01.05.2013

Destatis (2009): Bevölkerung Deutschland bis 2060, 12. koordinierte Bevölkerungsvorausberechnung, Berlin, 2009, URL: https://www.destatis.de/DE/Publikationen/Thematisch/Bevoelkerung/Vorausberech-nungBevoelkerung/BevoelkerungDeutschland2060.html, Abruf am 26.03.2013

Destatis (2013): 2012 erneuter Bevölkerungsanstieg erwartet, Wiesbaden, 2013, URL: https://www.destatis.de/DE/PresseService/Presse/Pressemitteilungen/2013/01/PD13_01 3_12411.html, Abruf am 01.04.2013

Deutscher Bundestag (2011): Fachkräftemangel in Deutschland, URL: http://www.bundestag.de/dokumente/analysen/2012/Fachkraeftemangel_in_Deutsch-land.pdf, Abruf am 26.03.2013

ESCP Europe: Agenda Mittelstand (2011): Talent Management im Mittelstand - mit Innovationen Strategien gegen den Fachkräftemangel, Berlin, 2011, http://www.ey.com/Publication/vwLUAssets/Talent_Management_im_Mittelstand_ 2011/$FILE/EY%20Talent%20Management%202011.pdf, Abruf am 10.04.2013

Fuchs, Johann/Zika, Gerd (2012): Charta der Vielfalt e.V., Berlin, 2012, http://www.charta-der-vielfalt.de/fileadmin/user_upload/beispieldateien/Bilddateien/ Publikationen/Demografischer_Wandel/Jung_Alt_Bunt.pdf, Abruf am 03.04.2013

Goldecker GmbH (2012): Q-Set Online-Umfrage, Altenthann b. Regensburg, 2012 http://www.q-set.de/, Abruf am 19.07.2013, 24.07.2013

Helmich, Robert, Zika, Gerd, Kalinowski, Michael, Wolter, Marc Michael (2012): Forschungs- und Arbeitsergebnisse aus dem Bundesinstitut für Berufsbildung (BIBB Report) (2012) URL http://www.bibb.de/dokumente/pdf/a12_bibbreport_2012_18.pdf, Abruf am 07.04.2013

Herrmann, Carmen (2002): Kosten und Nutzen von Wissensmanagement-Projekten in Unternehmen, Darmstadt, 2002, http://www.community-of-knowledge.de/benutzer/carmen-herrmann/Abruf am 18.08.2013

Kempf, Dieter (2013): Arbeiten in der digitalen Welt, Berlin, 2013, http://www.bitkom.org/files/documents/BITKOM_Praesentation_PK_Arbeiten_im_digitalen_Zeitalter_16_04_2013.pdf, Abruf am 08.05.2013

Kienbaum Consultants International GmbH, Kienbaum Retention-Studie 2001, Berlin 2001, http://www4.kienbaum.de/shopweb/printview.aspx?product=62, Abruf am 26.05.2013

Loew, Thomas/Clausen, Jens (2010): Wettbewerbsvorteile durch CSR, Eine Metastudie zu den Wettbewerbsvorteilen von CSR und Empfehlungen zur Kommunikation an Unternehmen, Berlin/Hannover, 2010, http://www.4sustainability.de/fileadmin/redakteur/bilder/Publikationen/Loew-Clausen-2010-Wettbewerbsvorteile-durch-CSR-Gutachten-fuerBMAS.pdf, Abruf am 01.07.2013

Picot, Arnold/Eberspächter, Jörg (2010): Zukunft & Zukunftsfähigkeit der deutschen Informations- und Kommunikationstechnologie, http://www.zukunft-ikt.de/wp-content/uploads/ikt_zukunft_und_zukunftsfaehigkeit1.pdf, Abruf am 02.07.2013

Prognos (2011): Arbeitslanschaft 2030, Im Auftrag der Bayerischen Wirtschaft e.V., 2. Auflage, München 2011 http://www.prognos.com/fileadmin/pdf/publikationsdatenbank/110930_Neuauflage_Arbeitslandschaft_2030.pdf, Abruf am 07.04.2013

Schröder, Tobias/Gläs, Karl/Nachwei, Jens/Schermuly, Jens (2010): Ergebnismeldung zur Abschlussrunde der Expertendelphi, http://www.pfo-partner.de/DELPHI%20PE%202020%20vorl.%20Ergebnisse.pdf, Abruf am 09.07.2013

Suder, Katrin (2011): McKinsey Deutschland, Wettbewerbsfaktor Fachkräfte, Berlin, 2011, http://www.mckinsey.de/downloads/presse/2011/wettbewerbsfaktor_fachkaefte.pdf, Abruf am 23.03.2013

Zentrum für Europäische Wirtschaftsforschung (2013): Ältere Arbeitnehmer – Längerer Verbleib in Unternehmen mit altersgemischten Teams, Mannheim, 2013, http://www.zew.de/de/presse/2258, Abruf am 27.04.2013

Statistisches Ämter des Bundes und der Länder (2011): Demografischer Wandel in Deutschland , Bevölkerung und Haushaltsentwicklung im Bund und in den Ländern, Ausgabe 1, Wiesbaden 2011, https://www.destatis.de/DE/Publikationen/Thematisch/Bevoelkerung/VorausberechnungBevoelkerung/BevoelkerungsHaushaltsentwicklung5871101119004.pdf;jsessionid=C5202FA3B9226F90917377E0011E625D.cae4?__blob=publicationFile, Abruf am 26.03.2013

Statistisches Bundesamt (2012): Teilzeitquote von Frauen in Deutschland deutlich über EU-Durchschnitt, Wiesbaden, 2012
https://www.destatis.de/DE/PresseService/Presse/Pressemitteilungen/2012/03/PD12_078_132pdf.pdf?__blob=publicationFile, Abruf am 08.05.2013

Studie: Weiterbildung ist Schlüsselfaktor im War for Talents Heilbronn, 2013
http://www.bildungsspiegel.de/bildungsnews/news/1166-studie-weiterbildung-ist-schluesselfaktor-im-war-for-talents.html, Abruf am 22.05.2013

Printed in Germany
by Amazon Distribution
GmbH, Leipzig

25353886R00075